질문으로 자기주도성 UP! 과학탐구 프로젝트 수업

질문으로 자기주도성 UP! 과학탐구 프로젝트 수업

발행일	2021년 10월 15일

지은이	남현정, 강창원		
펴낸이	손형국		
펴낸곳	(주)북랩		
편집인	선일영	편집	정두철, 배진용, 김현아, 박준, 장하영
디자인	이현수, 한수희, 김윤주, 허지혜	제작	박기성, 황동현, 구성우, 권태련
마케팅	김회란, 박진관		
출판등록	2004. 12. 1(제2012-000051호.)		
주소	서울특별시 금천구 가산디지털 1로 168, 우림라이온스밸리 B동 B113~114호, C동 B101호		
홈페이지	www.book.co.kr		
전화번호	(02)2026-5777	팩스	(02)2026-5747
ISBN	979-11-6539-607-7 03370 (종이책)		979-11-6539-631-2 05370(전자책)

(주)북랩 성공출판의 파트너

북랩 홈페이지와 패밀리 사이트에서 다양한 출판 솔루션을 만나 보세요!

홈페이지 book.co.kr · **블로그** blog.naver.com/essaybook · **출판문의** book@book.co.kr

작가 연락처 문의 ▸ ask.book.co.kr

작가의 연락처는 개인정보이므로 북랩에서 알려드릴 수가 없습니다.

＊이 책은 충청북도교육도서관의 지원을 받아 출판하였습니다.

질문으로
자기주도성 **UP!**
과학탐구
프로젝트 수업

남현정 · 강창원

북랩 book Lab

목차

Ⅰ. 자기주도성과 질문,
그리고 과학탐구 프로젝트 수업

Ⅱ. 질문으로 풀어가는
과학탐구 프로젝트 수업

과학탐구 프로젝트 수업 ❶ - 물의 냉각곡선 탐구

Ⅲ. 에필로그

The important thing is not to stop questioning.

Curiosity has its own reason for existing.

One cannot help but be in awe

when he contemplates the mysteries of eternity,

of life, of the marvelous structure of reality.

It is enough if one tries merely to comprehend

a little of this mystery every day.

Never lose a holy curiosity.

가장 중요한 것은 질문을 멈추지 않는 것이다.

호기심은 그 자체만으로도 존재 이유가 있다.

영원성, 생명, 현실의 놀라운 구조를 숙고하는 사람은

경외감을 느끼게 된다.

매일 이러한 비밀의 실타래를

한 가닥씩 푸는 것으로 족하다.

신성한 호기심을 절대 잃지 말라.

- Albert Einstein(1879. 3. 14. ~ 1955. 4. 18.)

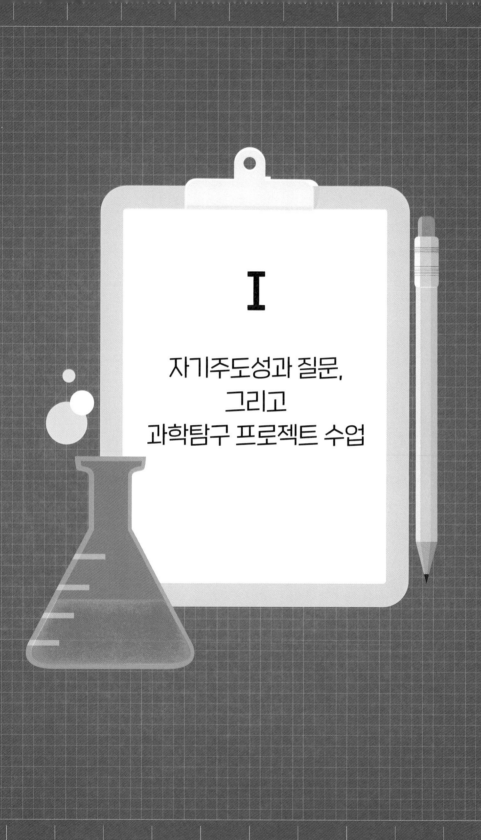

I

자기주도성과 질문,
그리고
과학탐구 프로젝트 수업

자기주도성을 높이는 질문

코로나19로 인해 전 세계가 큰 고통을 겪었다. 수많은 사람들이 병마와 싸우며 그로 인해 고통을 받았고 소중한 가족을 잃었다. 그리고 코로나19로 인해 변한 새로운 환경과 싸우느라 곳곳에서 심한 열병을 앓고 있는 중이다. 지금도 진행 중인 이 여파는 미래를 부쩍 빨리 다가오게 만들며 새로운 세상으로 우리를 끌어당겨 버렸다. 조금 더 과격하게 이야기를 하면 과거에서 워프(warp)하여 미래로 옮겨간 것 같은 착각을 일으키게 한다.

수년 전부터 미래교육을 이야기하면서 학생들이 온라인의 가상공간에서 토론과 토의를 통해 수업을 진행하는 미네르바 스쿨과 무크 등, 캠퍼스가 없는 인터넷이라는 공간을 통해 이루어지는 강의를 이야기하였다. 물론 대학교육과 같은 고등교육에서는 이러한 현상에 대해 조금 더 심각하게 받아들인 것 같다. 하지만 공교육의 근간을 이루는 우리나라의 초·중·고등학교에서는 적어도 심각하게 받아들이지는 않았으며, 몇몇 시범학교에서 가능성 정도에 머무르는 수준 이상도 이하도 아니었을 것으로 생각된다. 물론 모든 교사들이 그렇게 생각한 것은 아니며, 일부의 교사들은 구글의 각종 기능을 수업 속으로 끌어당기고, 클래스룸을 만들었으며, 각종 과제 등을 처리하고, 학생들과 소통의 수단으로 활용하였다. 그러나 그러한 활동들이 주류를 이룰 것이란 생각은 그 누구도 하지 않았다.

여하튼 코로나19로 인하여 원격수업이 전면으로 부상하였으며, 인터넷에서 파편처럼 돌아다니던 각종 도구들이 중요한 수단으로 자리 잡았다. 우리나라에서 소수만 알고 있었을 법한 줌(Zoom)과 엠에스팀즈(MS-teams)와 같은 것들은 시골의 경로당까지 알려질 정도로 모든 사람들이 알고 활용하게 되었다.

우리는 앞서간 사람들이 만들어 놓은 각종 앱을 활용하여 수업의 질을 보장받고, 그럼으로써 공교육의 안정성을 유지시킬 수 있었다. 일부 지역에서는 공교육의 범위를 넘어 마을 활동가, 읍면의 교육 등에도 활용하였다.

우리는 여기서 한 가지 질문을 던질 수밖에 없었다.

'과연 제대로 되고 있는가?'

줌을 활용하여 학생들이 집의 책상에 앉게 하고, 화상으로 가르치며 배우고 있다. 하지만 뭔가 불안하다. 학생들을 통제하던 교실의 공간이 아닌 집에서 수업을 듣는 그 순간 교사는 전적으로 학생들의 절제력과 집중력에 의존할 수밖에 없다. 하루는 교실로 등교하고, 하루는 집에서 컴퓨터나 패드를 활용하여 접속을 한다. 실시간 화상으로 수업에 참여하는 학생들은 그들과 대화하고, 채팅을 통해 소통하며 학생들을 점검하고 의견을 들어 볼 수 있다. 하지만 초기 원격수업의 대부분은 교사가 제공하는 링크를 통해 들어가는 콘텐츠를 보고 그것에 대한 몇 가지 확인용 질문에 대해 답하면 한 차시가 끝나는, 다소 허술하게 느껴질 만큼 학생들의 의지를 전적으로 신뢰하는 구조였다.

실시간 화상으로 수업을 하든, 아니면 콘텐츠를 보고 그것에 대한 답을 하든 교사들은 학생들을 신뢰하고 학생들이 영상을 모두 보고 공부에 임하고 있다는 전제를 하고 수업이 진행되었다. 이러한 초기의 원격수업에 대해 많은 사람들은 걱정하며 우려하였다. 특히 학부모들은 학교나 교육청으로 항의성 전화를 하기도 하였다. 교사이자 학부모의 입장으로 이러한 상황을 모두 지켜본 입장으로 사실 매우 답답하고 걱정이 되었다. 온라인으로만 연결되어 있는 상황에서 사실상 학생들에게 제공할 수 있는 것은 언제나 차선책뿐이기 때문이다.

◆ 질문하게 하는 교육?

교육학자들의 연구에 따르면 가장 효과가 적은 공부는 조용히 앉아서 듣기만 하는 공부이며, 가장 효과가 높은 공부는 상호간에 토론과 같은 행위를 통해서 하는 공부라고 한다.

학생들이 상호간에 질문하고 답하거나 서로 토론하는 과정이 교육적 효과가 크다는 것은 이미 하브르타 교육 같은 곳에서 강조되고 있으며, 우리나라의 교육 관련 연구에서도 토론하는 수업의 효과에 대한 연구가 상당히 많이 축적되어 있다.

♦ 질문을 한다는 것은 어떤 의미일까?

질문의 사전적 의미는 알고자 하는 바를 얻기 위해 묻는 것이라고 정의되어 있다. 알고자 하는 바를 얻기 위해 질문자가 본인의 의지로 질문을 하는 것에서 매우 적극적인 사고의 과정을 수반한다고 볼 수 있다.

또 질문을 하려면 본인이 무엇을 모르는지 알아야 하기 때문에 자기의 배경 지식을 점검하고, 질문 대상에 대해 자기가 가지고 있는 배경 지식과 비교하며 비판적 사고를 할 수 있어야 한다. 그리고 질문의 과정이 한두 번에 끝나는 것이 아니므로 이후 행동에 대한 변화도 가정할 수 있어 매우 중요한 것이다.

우리는 질문을 통해서 원하는 정보를 얻을 수 있으며, 다른 지식으로 연결하는 생각을 활성화시킬 수 있다. 또 질문은 다른 사람에게 요청하거나 소통하는 매우 중요한 활동이 될 수 있다.

질문이 매우 좋다는 것은 알고 있다. 그러나 교실에서는 잘 일어나지 않으며, 순서대로 진행되어야 할 서사를 방해하는 정도의 가벼운 질문이거나 분위기를 망치는 나쁜 질문들이 거의 대부분이다. 이것은 학생들이 질문을 할 만큼 준비가 되지 않았거나, 교사가 질문을 받고 답할 만큼의 여유가 없다는 방증이기도 하다.

♦ 왜 다시 질문인가?

코로나19 시대에 원격수업이 일상이 된 지금, 가장 부각되는 것이 무엇일까?

교사의 원격 콘텐츠 제작 능력인가?

아니면 하이테크놀로지 기술에 대한 습득 능력인가?

아니면 집에서 스스로 공부해야 할 학생들의 자기주도성 학습 능력인가?

아마도 가장 중요한 것은 학생들의 자기주도성일 것이다. 자기주도성을 가진 학생들이 이미 와 버린 미래에 가장 큰 역량을 발휘할 것임이 분명하다.

학생들은 우리의 세대와 분명히 다르다. 책보다는 유튜브를 통해서 지식을 습득하고, 기어다니기 시작할 나이부터 스마트폰으로 노래를 듣고, 애니메이션을 보면서 즐거워한다. 그리고 이러한 기기가 제공하는 콘텐츠를 즐기기 위해 OTT(Over the top)방식의 플랫폼에 익숙해졌고, 사용자가 주도성을 가지고 선택한다. 학생들은 언제든지 마음에 들지 않으면 스킵(Skip)해 버린다. 교실이라는 통제된 조건과 물리적 환경으로 인해 스킵을 실현할 수밖에 없었던 것이다. 이제 온라인으로 제공되는 교사의 수업은 언제든지 본인의 의사에 의해서 건너뛰기를 할 수 있는 상황이다.

이러한 현상에 부정적인 면만 있는 것은 아니다. 학생들뿐만 아니라 일반인들까지도 유튜브를 통해 많은 것을 배우고 있다. 유튜브는 알고리즘을 통해서 동일 주제를 볼 수 있도록 배열해주기는 하지만 선택해서 시청하는 것은 학습자의 의지이다. 본인이 선택하여 배우고 싶은 것에 대해서는 다양한 알고리즘과 검색을 통해서 전문가 수준의 경지에 오르게 된다. 독학을 할 수 있도록 교사가 전 세계에서 도와주는 것이다.

♦ 과학 수업에서도 유튜브의 영향은 이미 시작되었다

교과서를 통해 배우는 과학 수업 내용은 이미 유튜브에서도 흔하게 배울 수 있는 것이고, 교사에게 배우지 않아도 유튜브만 검색해 보면 좋은 강의가 무료로 제공되고 있다.

과학 수업이 유튜브를 능가할 수 있는 부분은, 화면을 통해서 느낄 수 없는 직접 실험의 생생함이다. 학생들과 만들어 가는 실험은 과학 수업의 꽃이라고 생각될 만큼 학생들은 흥미를 가진다.

교실에서 아이들의 수준은 정보를 제공해주는 플랫폼 때문인지 매우 큰 편차를 가진다. '과학 덕후'라고 불리는 소수의 남자아이들은 지식의 옳고 그름을 떠나 공부의 양이 방대해지고 깊어져서 교실의 수준을 넘어섰으며, 그렇지 못한 학생들은 흥미를 거의 가지지 못하기도 한다.

학생들 중에 의미 있는 질문을 하는 학생들이 있다. 이런 학생들은 수업 시간에 적극적으로 유도하여 실험과 결과 검증까지 이끌어내도록 한다. 학생 한 명이 던져주는 의미 있는 질문에 충분히 칭찬하고 과정을 함께 이끌어가는 동안 학생의 얼굴에는 환희가 느껴진다.

학생이 환희를 느끼는 이유는 무엇일까? 그것은 본인의 질문이 무시당하지 않았기 때문에 스스로에 대한 자존감이 세워졌기 때문일 것이며, 자신의 질문이 확장되어 가는 것을 통해 수업에 크게 기여했다는 자부심을 느꼈기 때문일 것이다. 이러한 학생들은 자기주도성이 높은 학생들이며, 동기부여만 충분히 해준다면 학생들의 성장 잠재력은 무한할 것이다.

시간이 생길 때마다 학생들에게 한 명 한 명의 존재가 여기에 있기까지 얼마나 어려운 확률과 조건으로 생겨났으며, 인간의 뇌가 가지는 어마어마한 능력과 가능성에 대해 이야기해주곤 하였다. 어떤 학생들은 의문을 품기도 하였지만, 있는 그대로의 사실이다.

학생들이 가지는 무한한 잠재력을 자기주도성이 뒷받침해준다면 그 학생은 큰 성과를 얻어낼 것이 틀림없다.

♦ 질문 그리고 실험

이 책은 10여 년 동안 해 온 다양한 과학탐구 프로젝트 수업들을 정리한 것이다. 이 실험들은 학생들뿐만 아니라 우리에게도 매우 의미 있는 결과를 가져왔으며, 교사로서, 연구자로서 큰 영광을 얻게 해준 실험들이다.

매우 어려워 보이고 방대한 실험도 있지만, 모든 실험들은 아주 사소한 질문들로 시작되었다. 이러한 질문들은 학생에게, 동료 교사에게, 그리고 나 스스로에게 던지는 질문들이었다. 사소한 질문들은 수많은 질문들을 낳으며 새로운 질문으로 변모하였으며, 새롭게 생기는 질문을 통해 완전히 새로운 결과를 이끌어내기도 하였다.

몇 달, 몇 년에 걸친 실험을 할 수 있었던 원동력은 무엇이었을까? 지금 생각해 보면, 내가 던진 질문에 대한 답을 찾고자 했기 때문이었다. 이러한 질문은 내가 던진 것이고, 답을 찾았을 때 그 과정에서 크게 성장하였다.

앞으로 제시될 과학탐구 프로젝트 수업에서는 Chin & Brown(2002)의 질문의 유형을 중심으로 질문들을 정리하였다.

질문 유형		질문의 유형별 특징
기초 정보 질문	사실적 질문	전형적으로 교과서의 정보나 단순한 정보의 회상을 요구하는 질문
	절차적 질문	실험 과정이 어떻게 수행되어야 하는지를 묻거나 주어진 실험 과정을 상세히 알고자 하는 질문
경이의 질문	이해 질문	전형적으로 이해하지 못한 것에 대한 설명을 구하는 질문
	예측 질문	숙고에 의한 가설-검증형의 질문
	변칙 발견 질문	회의를 표현하거나, 인지적 갈등이나 불일치한 정보를 간과한 곳에서 나타나는 질문 또는 변칙 자료를 역점으로 두어 다루고자 하는 질문
	적용 질문	다루고 있는 정보가 어떻게 사용되고 있는지를 궁금해하는 질문
	계획 방략 질문	선행 절차가 주어지지 않았을 때 다음에 계속될 방법을 궁금해 하여 해결 방안을 찾고자 하는 질문

Ⅱ

질문으로 풀어가는
과학탐구 프로젝트 수업

과학탐구 프로젝트 수업 ❶

물의 냉각곡선 탐구

★ 〈제61회 전국과학전람회 물리 부문 최우수상〉 ★

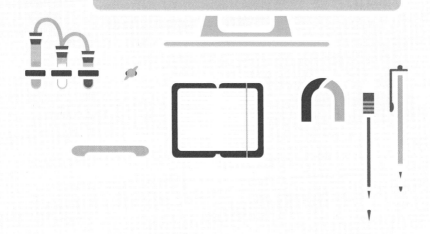

물 냉각곡선에 대한 탐구의 시작

유난히 추웠던 겨울, 이 추운 겨울날 아이들과 재미있게 할 실험이 없을까 하고 고민하던 중 유튜브에서 재미있는 동영상을 발견하였다. 추운 지역에 사는 사람이 끓은 물을 담은 컵과 찬물이 담긴 컵을 들고 집 밖으로 나가더니 컵 안에 담긴 물을 공중으로 뿌리는 영상이었다. 나는 당연히 차가운 물이나 뜨거운 물이나 물을 뿌리면 뿌린 곳에 쌓인 눈이나 얼음이 녹을 것이라고 생각했지만 내 생각과는 다르게 뜨거운 물을 공중에 뿌린 순간 눈처럼 하얗게 날렸고, 차가운 물은 물방울들이 모여 땅 위로 떨어졌다.

♦ 정말 따뜻한 물이 차가운 물보다 더 빨리 얼까?

스스로에게 던진 이 질문에 대한 답을 찾아가는 과정을 학생들과 함께하면 재미있는 과학탐구 실험이 될 것이라는 결론을 내리게 되었다.

"애들아, 선생님이 재미있는 현상 보여줄게. 교실 밖으로 나가볼까?"

학생들과 함께 뜨거운 물을 컵에 담아 들고 밖으로 나가서 공중에 뿌려 보았다. 하지만 유튜브에서 봤던 영상처럼 뜨거운 물이 눈처럼 날리는 것이 아니라 찬물을 뿌리는 것처럼 물방울이 모여 땅으로 떨어졌다.

♦ 따뜻한 물이 차가운 물보다 더 빨리 얼지 않은 원인은 무엇일까?

학생들에게 자신감 넘치게 재미있는 실험이 될 것이라고 장담하고 나갔는데, 순간 너무 무안했다.

'왜 유튜브에서 본 것처럼 뜨거운 물을 공중에 뿌리면 물방울이 얼어서 눈처럼 휘날리지 않지? 무엇이 문제일까?'

실험이 제대로 이루어지지 않은 원인을 찾기 위해 아이들과 함께 찾아 놓은 유튜브 영상을 보았다.

학생들은 유튜브 동영상을 보면서 매우 신기해했다. 그러면서 왜 우리가 한 실험은 유튜브 동영상처럼 되지 않았는지에 대해 원인을 찾으려고 하였다.

학생들은 이야기를 나누며 이 현상이 발생하지 않은 원인을 찾기 시작했다. 학생들의 이야기 중 가장 먼저 나온 것은 바로 온도였다. 우리 학교 운동장의 기온과 유튜브 영상 속 기온에 차이가 날 것이라 추측하였다. 직접 움직이기 좋아하는 학생 중 한 명이 직접 운동장의 기온을 측정하러 나갔고, 나머지 학생들은 유튜브를 보며 유튜브 속 기온을 찾았다.

학생들은 유튜브 영상 속 기온이 영하 48℃였음을 찾아냈고, 지구에서 가장 추운 마을에서 찍은 영상임을 찾아내었다. 운동장 기온을 측정하러 갔던 학생이 돌아와서 우리 학교 운동장의 기온은 영하 10℃임을 다른 학생들에게 알려주었다.

학생들은 두 곳의 기온 차이가 이 현상이 나타나지 않는 원인이라고 생각하게 되었다. 우리 지역의 기온이 영하 40℃가 될 수 없기 때문에 직접 실험을 통해 이 현상을 확인할 수 없어 많이 아쉬워했다.

그리고 학생들은 동영상을 살펴보며 자신들이 찾은 내용을 이야기하며 스스로 실험 조건들을 만들고 찾아내고 있었다.

♦ 따뜻한 물이 차가운 물보다 더 빨리 어는 음펨바 현상 실험을 할 수 있을까?

학생들과 문답을 하며 우리나라에서는 실외에서 음펨바 현상을 눈으로 관찰할 수 없다는 결론을 내리게 되었지만 아이들을 위해 재미있는 실험을 포기하고 싶지는 않았다. 실외에서 할 수 없다면 실내에서 통제된 실험을 통해 음펨바 현상을 볼 수 있지 않을까 하는 생각에 음펨바 효과에 대해 알아보았다.

음펨바 효과[1]는 1963년 탄자니아의 에라스토 음펨바(Erasto B.

---

1)   [네이버 지식백과] 음펨바 효과(시사상식사전, pmg 지식엔진연구소)

Mpemba)가 중학교 조리수업 시간에 아이스크림을 만들다가 뜨거운 상태의 용액을 얼렸더니 식힌 후 얼린 것보다 먼저 어는 것을 발견한 것이 시초이다. 같은 냉각 조건에서 높은 온도의 물이 낮은 온도의 물보다 빨리 어는 현상으로 이는 35℃ 물과 5℃ 물로 실험하였을 때 비교 효과가 극대화한다고 한다.

음펨바 효과에 대해 알아본 후 충분히 실내에서 실험이 가능하다는 것을 알게 되었다.

✦ 냉동고 사전실험

지난번처럼 무턱대고 했다가는 학생들 앞에서 민망한 일이 생길 수도 있기 때문에 학생들과 함께 실험하기 전 사전실험을 미리 해 보기로 했다.

냉동고를 이용해 음펨바 현상 실험을 해보았다. 상태 변화를 확인하기 위해 냉동고 문을 주기적으로 연다면 냉동고 안의 온도가 변할 수 있어 직접 열어보지 않고 온도 변화를 실시간으로 확인할 수 있는 MBL 온도 측정 센서를 이용해 보기로 하고 실험 장치를 설치했다.

냉동고에 넣을 물의 온도는 에라스토 음펨바가 한 것처럼 35℃와 5℃로 하였다. 그리고 추가로 35℃보다 높은 온도도 실험해 보기로 하였다.

간단하게 실험 계획을 세운 후 직접 냉동고 안에 약 8℃, 약 37℃, 그리고 약 80℃의 물을 유리 비커에 넣은 후 온도 센서를 넣고 실험을 해 보았다. 실험 결과는 아래 그림처럼 37℃의 물보다 8℃의 물이 더 빨리 얼었다.

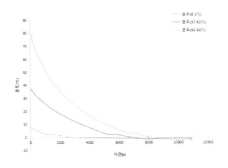

[물 온도에 따른 냉각곡선 그래프]

음펨바 효과 실험은 실패하였다. 음펨바 효과는 높은 온도의 물
이 낮은 온도의 물보다 먼저 언다고 하였지만 실험에서는 낮은 온
도의 물이 먼저 얼었다. 실험은 실패하였다. 하지만 물 냉각곡선
에서 재미있는 현상을 발견하였다. 아래 그림의 동그라미 부분처
럼 그래프에서 평평한 부분이 나온 것이다.

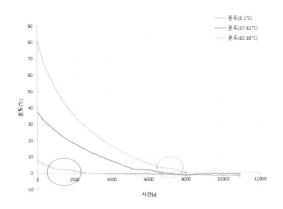

[냉각곡선에서 나타난 온도 평형 구간]

일반적인 물 냉각곡선에서 평평한 부분은 2곳, 물의 끓는점인 100℃ 그리고 어는점인 0℃이다. 그런데 우리가 한 실험에서는 약 4℃ 근처에서도 평평한 부분이 발생하였다. 총 3곳의 평평한 부분이 생긴 것이었다.

♦ 이 그래프는 뭐지?

실험 결과로 나온 이 그래프를 주위에 있는 다른 선생님께 보여 드리며 자문을 구했다. 자문을 구한 선생님들께서는,

"말도 안 돼."

"실험 장치 설치를 잘못했겠지?"

"실험 설계를 잘못해서 실험 결과가 잘못 나왔겠지?"

열에 아홉 분은 이런 반응을 보였다.

처음 한 실험이기에 자문을 해준 선생님들의 말씀이 옳다고 생각하고 실험 장치에 문제가 없는지에 대한 자문도 구한 후, 실험 장치를 손보며 여러 번 동일 조건으로 실험을 해 보았다. 하지만 결과는 평평한 부분이 나타나는 시간의 차이가 있었을 뿐, 모든 실험에서 평평한 부분이 발생하였다. 같은 실험 결과가 반복되니 실험을 잘못했다는 생각보다는 새로운 것을 발견했다는 생각이 들었고, 왜 이런 현상이 나타나는지 궁금했다.

♦ 이 그래프를 어떻게 증명하지?

학생들과 함께 한 실험의 실패로 인해 시작된 실험에서 새로운 현상을 발견했고, 이 발견에 대한 원인을 찾기 위해 다양한 탐구 프로젝트를 시작하였다.

과학탐구 프로젝트 수업 흐름

물의 종류와 물의 양 차이에 따른 냉각 과정

- 물의 종류에 따라 온도 평형 구간이 다르게 나타날까?
- 물의 양에 따라 온도 평형 구간이 다르게 나타날까?

냉각 능력과 온도 평형 구간의 관계

- 공기층 경계 온도가 온도 평형 구간과 관계가 있을까?
- 용기 외부의 냉기 순환이 온도 평형 구간에 영향을 미칠까?
- 용기 내부의 냉기 순환이 온도 평형 구간에 영향을 미칠까?

물의 대류와 냉각 시 온도 평형 구간의 관계

- 용기의 열전도율 차이가 온도 평형 구간에 영향을 미칠까?
- 물의 대류와 온도 평형 구간이 서로 관계가 있을까?

주제 1.
물의 종류와 양의 차이에 따른 냉각 과정

♦ 물의 종류에 따라 온도 평형 구간이 다르게 나타날까?

"어떤 물로 실험을 했나요?"

"수돗물로 했어요. 아이스크림을 얼리는 과정에서 발견한 음펨바 효과이기 때문에 혼합물인 수돗물도 괜찮을 것 같아 수돗물로 했어요."

"혹시 수돗물이기 때문에 온도가 평평한 부분이 나오지 않았을까요?"

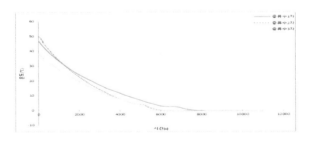

[물의 냉각곡선 그래프]

처음 실험에서 수돗물을 사용하였기 때문에, 수돗물이니까 그런 현상이 나타났을 거라는 이야기를 듣기도 하였다. 그래서 우리 주변에서 쉽게 볼 수 있는 수돗물, 우리가 쉽게 먹는 미네랄워터, 통제 가능한 실험이 될 수 있도록 실험에서 사용하는 증류수 세 종류의 물로 실험을 하였다. 수돗물이기 때문에 발생한 현상이라면 다른 종류의 물에서는 발생하지 않을 가능성이 높기에 제일 먼저 프로젝트 실험 주제로 삼고 실험을 해 보았다.

물의 종류에 따라 3차에 걸쳐 냉각 실험을 했다. 실험 결과 증류수와 수돗물은 3차에 걸친 모든 실험에서 온도 평형 구간이 나타났다. 하지만 미네랄워터의 경우에는 온도 평형 구간이 잘 나타나지 않았다.

물의 종류	실험 결과	평형 유지시간(초)	평형 유지 구간의 온도(℃)
증류수	1차	708.6	2.76 ~ 2.34
	2차	416.8	4.44 ~ 4.14
	3차	400.0	4.44 ~ 4.14
수돗물	1차	139.4	1.68 ~ 1.26
	2차	227.0	4.32 ~ 3.90
	3차	31.8	2.58 ~ 2.40
미네랄워터	1차	평형 구간 발생하지 않음	
	2차	평형 구간 발생하지 않음	
	3차	247.2	0.96 ~ 0.60

통제 가능한 증류수와 수돗물에서 온도 평형 구간이 발생했기 때문에, 수돗물이기에 온도 평형 구간이 나타난 것은 아니었다.

♦ 물의 양에 따라 온도 평형 구간이 다르게 나타날 것인가?

물의 양에 따라 온도 평형 구간이 다르게 나타날 것인가에 대해서도 알아보았다. 학생들과 실험할 때 온도 평형 구간이 고르게 잘 나타나는 결과를 얻기 위해서 온도 평형 구간이 나타나는 최소한의 물의 양을 알기 위한 실험이 필요했다.

온도 평형 구간이 나타나는 최소한의 물의 양을 알아보기 위한 실험을 위해 250㎖를 기준으로 50㎖를 더해 300㎖, 그리고 50㎖씩 적게 하여 200㎖, 150㎖, 100㎖, 50㎖로 했다.

[냉각 실험 장치]

MBL 온도 센서 6개를 이용하여 실험을 해 보았다. 실험 결과 50㎖, 100㎖, 150㎖, 200㎖에서는 온도 평형 구간이 나타나지 않았다. 250㎖, 300㎖에서는 온도 평형 구간이 나타났지만 250㎖보다 300㎖에서 실험 시간이 상대적으로 더 길어졌다.

실험 결과 물의 양	평형 유지 시간(초)	평형 유지 구간의 온도(℃)
50㎖	평형 구간 발생하지 않음	
100㎖	평형 구간 발생하지 않음	
150㎖	평형 구간 발생하지 않음	
200㎖	평형 구간 발생하지 않음	
250㎖	97.4	2.28 ~ 1.62
300㎖	116.4	2.94 ~ 2.34

[물 냉각 시 물의 양에 따른 온도 평형 구간과 평형 유지 구간 온도]

실험을 통해 온도 평형 구간이 나타나는 최적의 조건이 될 수 있는 물의 양이 250㎖임을 알게 되었다.

주제 2.
냉각 능력과 온도 평형 구간의 관계

♦ 물을 냉각할 때 물만이 온도 평형 구간 발생에 영향을 미칠까?
공기층 경계 온도도 온도 평형 구간과 관계가 있을까?

"온도 평형 구간이 발생하는 냉각 실험에서 물 종류나 물의 양이 아닌 다른 변인도 온도 평형 구간 발생에 영향을 미치지 않을까?"라는 질문을 스스로 하게 되었다. 다른 변인도 온도 평형 구간 발생에 영향을 미칠 가능성이 있기 때문에 그 변인을 찾기 위해 실험을 설계했다. 물을 냉각할 때 냉각 실험 장치 안의 공기층이 실험에 영향을 미친다고 예상하고 실험 장치를 아래처럼 꾸며 보았다.

[냉각 시 물속과 수면 위의 온도 변화 실험]

조금은 황당한 실험이었지만 이 실험을 통해 물 냉각 시 공기층 경계 온도가 온도 평형 구간에 영향을 줄 수 있다는 가능성을 발견하였다.

실험 결과 센서의 위치	평형 유지 시간(초)	평형 유지 구간의 온도(℃)
증류수 중심	199.2	3.90 ~ 3.48
수면 0.5cm 위	21.2	-10.86 ~ -10.26
수면 2.5cm 위	21	-9.72 ~ -9.54

[물 냉각 시 위치에 따른 온도 평형 구간과 평형 유지 구간 온도]

온도 평형 구간이 유지되기 시작하기 전에 수면 위 공기층 온도가 짧은 시간 동안 올라갔다가 내려오는 구간이 발생하였다. 공기층에서 방출된 열에너지가 물에 영향을 주어 냉각되는 물에서 온도 평형 구간이 발생하였을 것이라 추측하였다.

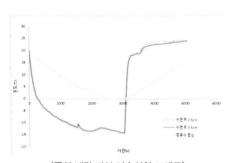

[물의 냉각 가열 연속실험 그래프]

이 실험으로 실험 장치 내부의 공기층이 실험 결과에 영향을 미칠 수 있다는 가능성을 발견하였다.

주제 3.
냉각 순환과 온도 평형 구간의 관계

주제 2에서 실험 장치 내부의 공기층이 온도 평형 구간 발생에 영향을 미칠 수 있다는 가능성을 확인하였다. 용기 내부의 공기층만이 온도 평형 구간 발생에 영향을 미치는지, 아니면 용기 외부의 공기층도 온도 평형 구간 발생에 영향을 미치는지 궁금했다.

♦ 용기 외부의 냉기 순환이 온도 평형 구간에 영향을 미칠까?

용기 외부의 공기층이 온도 평형 구간에 미치는 영향을 알아보기 위한 실험을 했다. 용기 외부의 냉기 순환이 미치는 영향을 알아보기 위해 실험 장치를 어떻게 꾸밀 것인지 자문해 보았다.

"실험 장치 안에 직접 냉기를 순환시키는 건 어떨까?"

"어떤 방법으로 직접 냉기를 순환시키면 될까?"

"냉기를 순환시킬 수 있게 팬을 설치하는 것은 어떨까?"

[공기 흐름과 냉각 관계 실험 장치]

여러 질문을 통해 용기 외부의 공기층이 온도 평형 구간 발생에 미치는 영향에 대해 알아보기 위해 실험 장치 안에 직접 냉기를 순환시킬 수 있는 팬을 설치하였다. 팬과 물이 들어 있는 용기의 거리에 가까울수록 온도 평형 구간이 잘 나타날지, 아니면 멀수록 온도 평형 구간이 잘 나타날지 직접 실험을 해 보고 온도 평형 구간 발생과의 관계를 알아보기로 하였다.

실험 결과 실험 장치 안의 냉기를 순환시켜주는 팬과 물이 들어 있는 용기와의 거리가 멀수록 온도 평형 구간이 유지되는 시간은 비슷했지만 떨어지는 온도 차가 적었다.

실험 결과 거리	평형 유지 시간(초)	온도(℃)	
		평형 유지 구간	온도 차
팬(fan)에서 가까운 곳	66.2	3.52 ~ 2.96	0.56
팬(fan)에서 먼 곳	91.40	3.46 ~ 3.24	0.22

실험 결과를 통해 용기 외부의 냉기 순환이 온도 평형 구간 발생에 영향을 미친다는 것을 알게 되었다.

♦ 용기 내부의 냉기 순환이 온도 평형 구간에 영향을 미칠까?

"그럼 물을 담고 있는 용기 내부의 공기 순환도 온도 평형 구간 발생에 영향을 미치지 않을까? 용기 내부의 공기 순환을 어떻게 통제하면 좋을까? 하나의 용기는 용기 내부와 외부의 공기 순환이 가능하게 하고, 다른 하나의 용기는 내부와 외부의 공기 순환이 되지 않도록 밀폐하여 공기 순환을 차단한 후 실험하는 것은 어떨까?"라는 생각이 떠올랐다.

하나의 용기는 용기 내부와 외부의 공기 순환이 차단되게 밀폐를 하고, 다른 하나는 용기 내부와 외부의 공기 순환이 될 수 있도록 밀폐를 하지 않고 실험 장치 안에 넣어 실험했다.

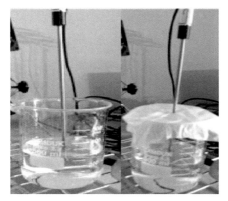

[내부와 외부 공기 차단 실험 장치]

실험 결과 밀폐한 용기와 밀폐하지 않은 용기 모두 온도 평형 구간이 발생하였다.

실험 결과 거리	평형 유지 시간(초)	평형 유지 구간의 온도(℃)
냉기 순환 차단하지 않음	124.40	4.14 ~ 3.94
냉기 순환 차단함	241.60	4.10 ~ 4.02

용기 내부와 외부의 공기 순환이 온도 평형 구간 발생에 큰 영향을 미치지 않았다. 그렇지만 용기를 밀폐하여 내부와 외부의 공기 순환이 되지 않게 하면 온도 평형 구간 유지 시간이 더 길었다. 냉각 용기의 밀폐 여부에 따라서 온도 평형 구간의 유지 시간이 달라진다는 것을 알게 되었다.

주제 4.
물의 대류와 냉각 시 온도 평형 구간의 관계

그동안의 실험은 모두 같은 유리 재질의 용기만 사용했기 때문에 모든 실험에서 열전도도는 같았다. 하지만 용기의 재질이 무엇이냐에 따라 열전도도가 모두 다르다. 여러 재질의 용기를 사용하여 실험을 한다면 온도 평형 구간 발생이 다르지 않을까? 열전도도가 높은 것부터 낮은 것까지 우리 주변에서 쉽게 볼 수 있는 유리, PVC, 스티로폼, 스테인레스를 이용하여 실험을 해 볼까?

◆ 용기의 열전도도 차이가 온도 평형 구간에 영향을 미칠까?

교육현장에서 많이 사용하는 있는 유리 비커, 안전하게 사용할 수 있는 PVC 비커, 스테인레스 비커, 그리고 비슷한 크기와 부피를 가진 스티로폼으로 실험하기로 결정했다. 이 용기들은 열전도도가 모두 다르기 때문에 비교실험을 하기 좋을 것이라고 생각했다. 유리의 열전도도는 1.05W/(mK), PVC는 0.19W/(mK), 스티로폼은 0.03W/(mK), 스테인레스는 13.00 ~ 15.00W/(mK)이다. 열전도도가 높을수록 열에너지를 더 잘 전달하기 때문에 온도 평형 구간에 영향을 미칠 것이라 예상하고 실험을 하였다.

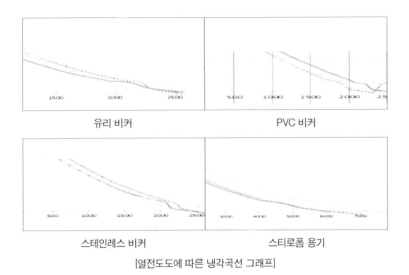

유리 비커   PVC 비커

스테인레스 비커   스티로폼 용기

[열전도도에 따른 냉각곡선 그래프]

실험 결과 유리 비커, PVC 비커, 스티로폼 용기에서 평형 구간이 잘 나타났으나, 스테인레스 비커의 경우 급격한 온도 변화가 나타나 평형 구간이 발생하지 않았다.

거리 실험 결과	평형 유지 시간(초)	열전도도
유리 비커	98.53	1.05
PVC 비커	63.73	0.19
스테인레스 비커	없음	13.00 ~ 15.00
스티로폼	351.80	0.03

[냉각 용기에 따른 온도 평형 시간]

이 실험을 통해 냉각 그래프에서 완만한 경사의 온도 평형 구간이 나타나는 것의 원인 중 하나가 냉각 용기의 열전도율과 관련이 있음을 확인했다.

물의 종류와 양, 냉각 실험 장치 안의 공기층 경계의 온도, 용기 외부의 냉기 순환, 용기 내부의 냉기 순환, 용기의 열전도도 등이 온도 평형 구간 발생에 영향을 미치는 요인이라는 것을 알게 되었다. 하지만 앞의 실험들은 온도 평형 구간 발생에 영향을 주는 요인들이지 온도 평형 구간이 발생하는 원인에 대한 답은 아니었다. 실험을 통해 알아보고 싶었던 것은 온도 평형 구간이 발생하는 원인이었기 때문에 많은 고민을 하였다.

온도 평형 구간 발생에 영향을 미치는 여러 요인들을 찾아냈지만 근본적으로 왜 온도 평형 구간이 발생하는지에 대한 답을 찾기 위해 물을 냉각할 때 물의 상태 변화를 살펴보았다. 실험 장치에 카메라를 달아 간접적으로 물의 상태 변화를 관찰했다.

실험 장치 설치 후 물의 상태 변화를 영상으로 관찰하던 중 용기 안의 물 위에 아주 작은 조각이 움직이는 것을 발견하였다. 실험 장치에 카메라를 추가하다 물을 담은 용기 안으로 작은 먼지가 들어갔는지 영상에는 먼지 하나가 물 표면에서 움직이는 것이 보였다. 물이 움직일 만한 외부적 요소가 없었는데 먼지는 물 표면에서 움직이고 있었다.

액체나 기체를 가열하면 가열된 부분이 팽창하면서 밀도가 작아져 위로 올라가고, 위에 있던 밀도가 큰 부분은 내려오는 대류 현상이었다. 물을 냉각할 때 상대적으로 물 표면의 온도가 물 안쪽의 온도보다 낮아 대류 현상이 일어난 것 같았다.

물을 냉각할 때 대류 현상을 명확히 관찰하기 위해 물에 색소를 첨가하였다. 색소를 첨가하니 물의 대류 현상을 더 확실하게 확인할 수 있었다.

◆ 물의 대류와 온도 평형 구간이 서로 관계가 있을까?

물의 대류가 온도 평형 구간을 발생시키는 원인이라는 가설을 세우고 실험을 하였다. 정확한 온도 측정을 위해 온도 측정 센서를 물의 중심, 물 표면, 그리고 비커 벽면 근처에 설치하였다.

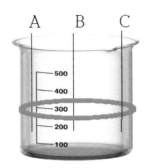

[물의 대류와 온도 평형과의
관계를 알아보기 위한 실험 설계]

실험 결과 물 중심 부분에서 온도 평형 구간이 나타났으나, 물의 표면과 비커의 벽 쪽에서는 온도 평형 구간이 나타나지 않았다.

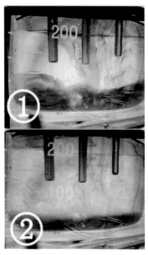

[물의 대류 관찰]

온도 센서가 설치된 실험 영상 속에서 물의 대류 현상을 관찰할 수 있었으며, 어느 순간 물의 대류가 멈추는 순간이 나타났다. 그리고 그 순간 온도 그래프에서는 온도 평형 구간이 나타났다. 대류가 멈춰 있다가 어느 순간 다시 대류가 나타나고, 그 시기에 맞춰 온도가 급격히 떨어지는 것을 그래프에서 확인할 수 있었다.

이 실험을 통해 온도 평형 구간의 발생 원인이 바로 물의 대류 현상이라는 것을 알 수 있었다.

물 냉각 시 온도 평형 구간이 발생하는 원인인 물의 대류, 온도 평형 구간의 발생에 영향을 미치는 요인들을 종합하여 온도 평형 구간이 발생하는 관계식을 만들었다.

$$-(Q_{물대류}(\triangle t)(\triangle \rho)(f_{용기})(a_{용기}))^3 +$$
$$-R(-t_{공기})(u_{공기}))^2+(Q_{물}(c_{물})(t_1-t_0)(m_{물})$$

$\triangle t$	$t_{물표면}-t_{물바다}$	$\triangle \rho$	$\rho_{물표면}-\rho_{물바다}$
$f_{용기}$	용기의 열전도도	$a_{용기}$	용기의 단면적
R	냉각능력	$t_{공기}$	냉각기 안의 공기 온도
$u_{공기}$	냉각기 안의 유체의 속도	$Q_{물}$	물의 열량
t_1-t_0	냉각 시작 온도와 0℃와의 차이	$c_{물}$	물의 비열
$m_{물}$	물의 질량		

물과 관련된 교육과정 및 성취기준[2)]

    지구의 약 70%를 차지하고 있는 물은 정말 소중한 존재이다. 이렇게 우리 주변에서 쉽게 볼 수 있는 물을 실험 주제로 삼는다면 물질의 상태 변화에 대해 학생들이 쉽게 이해하고 체득할 수 있을 것이다.

    물의 상태가 변화할 때 필요한 조건과 특징을 이해한다면, 물의 상태 변화에 대한 경험을 기본 토대로 학생들은 스스로 탐구 활동을 수행할 수 있을 것이다. 물에 열을 가하거나 냉각시킨다면 상태가 변하는 것을 이미 경험해 보았다. 이런 경험을 토대로 여러 탐구 활동이 가능하다. 간단하게 물과 얼음의 상태 변화에서 부피와 무게 변화 비교하기, 물의 증발할 때와 끓을 때의 특징 관찰하기, 수증기가 응결되는 현상 관찰하기 등의 탐구 활동이 가능하다. 그리고 왜 이렇게 상태가 변하는지, 상태가 변화하면서 어떤 현상들이 발생하는지, 물의 상태 변화를 어떻게 일상생활에 이용하고 있는지 등을 탐구주제로 하여 프로젝트 학습이 가능하다.

---

2)   교육부, 2015개정 과학과 교육과정(제2015-74호)

핵심 개념	일반화된 지식	내용 요소		성취기준
		초 3~4	중 1~3	
물질의 상태변화	물질은 온도와 압력에 따라 상태가 변화한다.	•물의 상태 변화 •증발 •끓음 •응결	•세 가지 상태와 입자 배열 •상태 변화	[4과14-01] 물이 수증기나 얼음으로 변할 수 있음을 알고, 물이 얼 때와 얼음이 녹을 때의 부피와 무게 변화를 관찰할 수 있다. [4과14-02] 물이 증발할 때와 끓을 때의 변화를 관찰하여 차이점을 알고, 이와 관련된 예를 우리 주변에서 찾을 수 있다. [4과14-03] 수증기가 응결하는 현상을 관찰하고, 이와 관련된 예를 우리 주변에서 찾을 수 있다.

「물의 냉각곡선 탐구 프로젝트」 질문 유형

질문 유형		질문의 유형별 특징
기초 정보 질문	사실적 질문	□ 따뜻한 물이 차가운 물보다 더 빨리 어는 음펨바 현상 실험을 할 수 있을까? □ 정말 따뜻한 물이 차가운 물보다 더 빨리 얼까?
	절차적 질문	□ 이 그래프를 어떻게 증명하지?
경이의 질문	이해 질문	□ 정말 따뜻한 물이 차가운 물보다 더 빨리 얼까? □ 이 그래프는 뭐지?
	예측 질문	□ 물의 종류에 따라 온도 평형 구간이 다르게 나타날까? □ 물의 양에 따라 온도 평형 구간이 다르게 나타날까? □ 용기 외부의 냉기 순환이 온도 평형 구간에 영향을 미칠까? □ 용기 내부의 냉기 순환이 온도 평형 구간에 영향을 미칠까? □ 용기의 열전도도 차이가 온도 평형 구간에 영향을 미칠까?
	변칙 발견 질문	□ 따뜻한 물이 차가운 물보다 더 빨리 얼지 않은 원인은 무엇일까?
	계획 방략 질문	□ 물을 냉각할 때 물만이 온도 평형 구간 발생에 영향을 미칠까? □ 공기층 경계 온도가 온도 평형 구간과 관계가 있을까? □ 물의 대류와 온도 평형 구간이 서로 관계가 있을까?

과학탐구 프로젝트 수업 ❷
물의 결정 형성 과정 탐구
★ 〈제62회 전국과학전람회 화학 부문 특상〉 ★

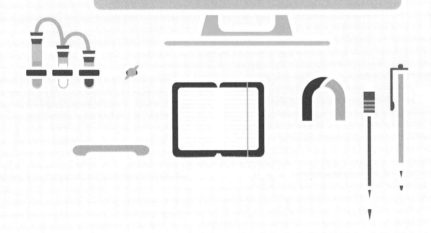

물 결정에 대한 탐구의 시작

2016년 2월 어느 날, 겨울 연못물을 보던 아이가 얼음 모양이 이상하다고 다급히 불렀다. 얼음 모양이 육각기둥의 수정처럼 생겼다고 신나서 이야기했다. 얼음 조각이 왜 수정처럼 육각기둥 모양일까? 아이가 던진 질문이었다.

[연못 상부 얼음 결정 : 10㎜ ~ 13㎜]

연못 상부에서 채취한 얼음 결정이다. 상부는 육각형의 주상 형태를 가진다. 검정색 선은 결정면을 표시하기 위해 그린 선이다.

♦ 왜 얼음 조각이 육각기둥 모양일까?

얼음은 물이 얼어 고체가 된 상태로 수빙(水氷), 눈에서 생긴 얼음은 설빙(雪氷)이라고 한다. 흔히 볼 수 있는 종류의 얼음은 투명하거나 공기 등의 불순물이 섞여 약간 푸르스름한 흰빛을 띠며, 물은 1기압 하에서 0℃(273.15K, 32℉)에 언다. 1기압에서 언 얼음은 액체 상태인 물보다 8% 가량 밀도가 낮다는 특수한 성질을 갖는다.

아이가 발견한 얼음은 우리 주변에서 쉽게 볼 수 있는 무결정 및 방사형 깨짐이 아닌 육각기둥 결정이었으며, 약한 결합 상태를 보였다. 약한 결합 상태였기 때문인지 수평 압력에 쉽게 쪼개졌다.

♦ 왜 얼음 조각이 육각기둥 모양으로 쪼개질까?

위 질문은 아이가 던진 질문이다. 육각기둥 모양으로 쪼개진 연못의 얼음이 아이의 눈에 띈 것으로부터 시작되었다. 얼음이 육각기둥 모양으로 쪼개지는 현상이 발생한 원인을 찾기 위해 탐구 프로젝트를 시작했다.

과학탐구 프로젝트 수업 흐름

육각기둥 모양의 얼음 발생 조건 연구

- 육각기둥 모양 얼음 발생 조건은 무엇일까?
- 육각기둥 모양 얼음 성장 재현이 가능할까?
- 다른 물질로도 육각기둥 모양 얼음을 만들 수 있을까?

육각기둥 모양의 얼음 성장 방법 연구

- 빙정핵으로 육각기둥 모양 얼음 결정의 성장이 가능할까?
- 냉각 방향에 따라 육각기둥 모양 얼음 발생이 다를까?

육각기둥 모양 얼음 상(像)에 대한 분석

- 결정계적 특성 분석
- 결정의 굴절비교 분석

교육적 일반화

- 얼음 결정 실험을 학생들도 쉽게 학습할 수 있게 만들 수 있을까?
- 연구 결과를 어떻게 활용할 수 있을까?

주제 1.
육각기둥 모양의 얼음 발생 조건

어떻게 육각기둥 모양 얼음이 발생할 수 있었을까? 잘 알지 못하는 분야의 것이기 때문에 관련 내용을 찾아보기로 하였지만 명쾌하게 이 현상에 대해 알려주는 내용은 없었다. 아이의 작은 발견이 계기가 되어 시작된 연구는 처음부터 난관에 부딪히게 되었다.

난관에 부딪혔기 때문에 '왜 이런 현상이 발생했을까'부터 생각해 보기로 했다. 자연에서 발견한 현상이기 때문에 많은 변인이 있었겠지만 하나씩, 하나씩 조건들을 찾아보기로 했다.

♦ 육각기둥 모양 얼음 발생 조건은 무엇일까?

육각기둥 모양 얼음이 발견될 당시의 날씨 상태 및 물의 상태가 발생 원인을 밝히는 중요한 실마리가 될 수 있을 것 같아 알아보기로 했다. 발견 장소인 연못의 상부 상태와 발견 당일의 기후 조건들을 찾아보았다.

발견 당시의 날씨 조사를 위해 인터넷을 검색해 보면서 재미있는 사실을 발견했다. 발견한 날을 기준으로 약 10일 전에 많은 양의 눈이 왔으며, 그 이후의 기후를 살펴보니 최고 기온은 평균 영상 2℃ 최저 기온은 평균 영하 12℃였다. 연못물 위에 쌓인 눈이 녹고 어는 과정을 반복했을 것이라는 추측이 가능했다. 연못물은 실외에 있었기 때문에 각종 부유물들로 가득했다.

a. weather condition	
2월 9일	□최저기온 : -7℃ □최고기온 : 5℃ □강수(강설)량 : 없음
2월 8일	□최저기온 : -12℃ □최고기온 : -5℃ □강수(강설)량 : 없음
2월 7일	□최저기온 : -15℃ □최고기온 : -3℃ □강수(강설)량 : 없음
2월 6일	□최저기온 : -12℃ □최고기온 : 2℃ □강수(강설)량 : 없음
b. water	
□연못물의 상태 : 각종 먼지 부유물 1㎤ 1×1014개 이상	
c. 기타 조건	
□직사광선 강함 □1월 30일 강설	

발생 장소와 발생 당시의 기후 조건을 분석한 결과 육각기둥 모양 얼음 결정은 냉각된 물에 결정핵이 공급되면서 결정핵을 중심

으로 결정이 성장하고, 결정핵을 중심으로 방사형으로 성장하다가 다른 결정과 경계를 구분하기 위해 육각형을 얼음 결정으로 가지게 되는 것이라고 예상하였다.

♦ 육각기둥 모양 얼음의 재현은 가능할까?

육각기둥 모양 얼음의 발생 조건을 조사한 결과 기후와 물의 상태가 영향을 미칠 것이라는 예상이 가능했다. 그럼 이러한 조건만 맞는다면 육각기둥 모양 얼음의 재현이 가능할 수도 있을 것 같았다. 육각기둥 모양이 발생할 수 있는 조건을 인위적으로 만들 수 있다면 충분히 재현이 가능할 것 같았다.

재현을 위해 기후 조건은 냉각 시스템을 이용하기로 하였다. 그리고 결정핵의 역할을 하는 눈 결정핵을 직접 만들어 실험하기 위해 장치를 고안하여 제작하였다.

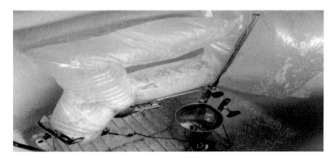

[빙정핵 발생 장치]

냉동고에 가습장치와 공기 순환장치 등을 설치하여 눈 결정핵을 만들었고 이 눈 결정핵을 사용하여 실험을 했다.

인위적으로 만든 눈 결정핵을 0℃ 이하로 과냉각된 물에 넣은 후 냉각을 시켜 얼음 결정을 발생시키고 성장시키는 실험을 했다. 여러 번의 실험 결과 연못물에서 발견한 얼음 표면의 모습과 재현한 얼음 표면의 모습이 크기만 다르고 모양은 비슷하였다. 이 실험은 육각기둥 모양 얼음 결정을 인위적으로 만들어 시각적으로 확인할 수 있다는 점에서 의미가 있었다.

이렇게 눈 결정핵을 사용하여 육각기둥 모양 얼음을 발생시켰다. 작은 성공이었지만 육각기둥 모양 얼음이 만들어지는 현상에 대한 설명이 가능하였다.

♦ 육각기둥 모양은 물에서만 생기나? 다른 물질로도 육각기둥 모양 얼음을 만들 수 있을까?

물에 투입되는 다양한 용매와 혼합물이 결정 성장에 미치는 영향을 알아보기 위해 각각 다른 용질과 용매들을 얼려 얼음 결정을 확인해 보았다.

얼음 상(像) 중에 자연에 많이 존재하는 얼음 상(像)이 얼음 Ih[3)]

---

3)   육방정(六方晶)계 결정으로, 일상적으로 볼 수 있는 거의 모든 얼음은 여기에 속한다. 'h'는 분자결정의 모양인 6각형(hexagonal)임을 나타낸다. 얼음 Ih에서 수소와 산소 원자 간의 결합은 임의적 방향을 향하고 있어, 얼음 결정 모양은 불규칙하다. 그러나 매우 낮은 온도에서는 결합이 일직선으로 정렬되고 같은 방향을 향한다.

이다. 분자식으로는 많이 보았으나 실제 얼음 상(像)을 보기 어렵다는 것을 전제로 육각기둥 모양의 얼음 결정이 발생하는 용질의 종류를 알아보기 위해 실험했다.

여러 종류의 용매와 용질은 교육적 효과를 극대화하기 위해 우리 주변의 물질들과 용매들을 중심으로 설정했다.

투입 물질	결정	size(㎛)
sugar-1	+	10㎛ ~ 20㎛
sugar-2	++	100㎛ ~ 300㎛
coffee powder	+	
acetic acid	+++	300㎛ 이상
ethyl alcohol-1	+++	70㎛ ~ 120㎛
ethyl alcohol-2	+	50㎛ 이하
water-1		
water-2	+	20㎛ 이하
water-3	+++	300㎛ 이상

sugar-1은 황설탕+증류수, sugar-2는 백설탕+증류수, ethyl alcohol-1은 알코올 17.9%+증류수, ethyl alcohol-2는 알코올 4.3%+증류수, water-1은 증류수, water-2는 수돗물, water-3은 연못물로 설정하고 실험했다. 실험 온도 조건은 동일하였으며, 빙정핵의 투입은 없었다. 냉각 온도는 영하 16℃ ~ 영하 18℃이고, 실험 장치 안의 냉기를 순환시키기 위한 풍속은 2.5m/s였다.

식별 가능한 크기의 결정의 정도에 따라 '+++'는 결정의 형태가 분명하며 육각형을 가짐, '++'는 일부 형태를 확인할 수 있으며 결정이 분명하게 나타남, '+'는 결정의 발생 상태를 일부 확인 가능함으로 구분하여 위의 표와 같은 결과를 얻었다.

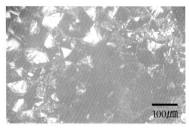

[17.8% ethyl alcohol water 결정면(400배)]
70~120μm의 육각 결정 발생

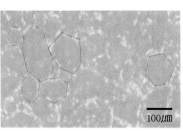

[sugar-1 결정면(100배)]
물 20mℓ와 sugar-1 1.4g의 혼합물에 결정 발생

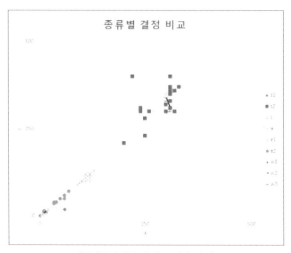

[투입물의 종류에 따른 결정 비교]
a는 결정의 크기를 x, y 방향으로 정하여 크기의 각 물질별
결정의 크기와 결정의 모양을 비교

실험 결과를 살펴보면, 일정한 모양을 갖춘 결정이 형성되는 것은 sugar-1, sugar-2, acetic acid, ethyl alcohol-1, ethyl alcohol-2, water-3이며, 가장 일정한 결정을 이루는 것은 ethyl alcohol-1, ethyl alcohol-2였다.

물을 용매로 하는 물질에서는 육각형의 결정이 잘 나타났다. 이 실험을 통해 물을 용매로 했기 때문에 육각형의 결정이 나타났다는 것을 알게 되었다.

주제 2.
육각기둥 모양 얼음 결정 성장 방법

◆ 빙정핵으로 육각기둥 모양 얼음 결정의 성장이 가능할까?

얼음 결정 성장에 빙정핵 역할을 하는 물질의 함유가 결정 생성에 매우 중요한 요인임을 확인할 수 있었다. 빙정핵이 결정 생성에 중요한 요인이면 결정 성장에도 영향을 미칠 수 있다는 가설을 세우고 실험 계획을 세웠다.

결정이 잘 만들어졌던 물을 중심으로 실험을 했다. 물 중에서도 증류수에서는 결정이 생성되지 않았기에 증류수를 제외한 수돗물과 연못물을 용질로 선택하였고, 각각의 물에 빙정핵을 투입한 것과 투입하지 않은 것으로 구분하여 동일한 조건으로 실험하였다.

실험 결과 빙정핵을 투입하지 않은 수돗물에서는 결정이 만들어지지 않았다. 하지만 같은 수돗물이라도 빙정핵을 투입한 실험에서는 결정이 만들어졌다. 빙정핵을 투입한 연못물은 결정이 아주 선명하게 잘 만들어졌다. 그리고 연못물에 빙정핵을 투입하지 않은 실험에서도 결정이 만들어졌다. 결정이 만들어진 이유는 연못물이 가지고 있던 부유물, 먼지, 조류 등이 빙정핵 역할을 한 것으로 보였다. 이 실험을 통해 결정을 만드는 데 중요한 역할을 하는 것이 바로 빙정핵이라는 것을 알게 되었다.

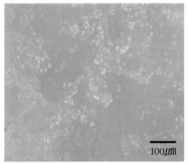
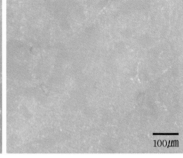

[빙정핵을 투입한 수돗물 결정면(400배)]
육안으로는 결정의 발생을 관찰하기
어려우나 현미경으로는 결정 식별이 가능하다.

[빙정핵을 투입한 연못물 결정면(400배)]
육안으로 결정의 식별이 가능하며, 현미경으
로 관찰할 경우 육각형을 포함한 다각형의 결
정 식별이 가능하다.

♦ 냉각 방향에 따라 육각기둥 모양 얼음 결정의 성장이 가능할까?

그동안의 실험을 통해 빙정핵을 투입하면 물 표면에서 빙정핵을 중심으로 결정이 성장한다는 것을 알게 되었다. 그리고 서로 성장한 결정이 이웃하는 결정의 성장면과 만나게 되면 경계면을 만들게 되는데 이 경계면들의 모양이 육각형에 가까운 모양을 가지는 것을 실험 동영상으로 확인하였다.

짧은 시간 동안 진행되는 현상이었기 때문에 여러 번 실험하면서 동영상 촬영을 하였다. 여러 번 동영상을 재생하여 경계면을 만드는 장면을 살펴보았다. 이 경계면을 만드는 과정은 순식간에 살아있는 생명체처럼 자라 육각형 모양을 만드는데 정말 아름다운 장면이었다.

처음 발견한 얼음처럼 우리가 직접 육각기둥 모양 얼음을 만들 수는 없을까? 얼음 표면에 육각형 모양을 만들었으니 아래로 결정을 키운다면 처음 발견한 얼음과 같은 모양을 만들 수 있을 것만 같았다.

결정을 만들어내는 방법을 찾았으니 어떻게 냉각시켜야 할지가 문제였다. 실험에 사용한 용기나 실험 환경을 다시 살펴보며 방법을 찾아보고자 했다. 실험 용기는 페트리디쉬나 유리 비커를 사용하였고, 냉각 실험 장치에서 여러 실험 보조 장치들을 설치하고, 실험 용기가 직접 냉각 실험 장치에 닿지 않게 실험 장치를 만들었다.

실험과 연못물의 냉각 방식에 대해서도 고민해 보았다. 직접 한 실험에서는 여러 방향에서 동시에 냉각이 되었고, 연못물은 연못 바닥과 측면은 흙과 경계를 이루고 있으니 수면 위를 중심으로 냉각되었다. 실험 장치 안에서 냉각된 용질들은 모두 고체 상태로 변하였지만, 연못물의 경우에는 상부는 고체인 얼음 상태지만 하부는 액체인 물 상태로 있었다.

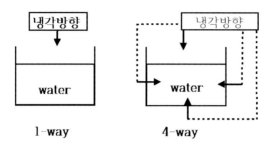

[냉각방향에 따른 주상 결정 발생 실험 설계]
냉각 방향은 단열을 통하여 냉각 방향을 조절하였다.

연못물이 냉각되는 방향처럼 실험 장치 안에서 수면 위를 중심
으로 냉각될 수 있도록 실험 장치를 만들기로 하였다.

[빙정핵을 투입하고 한 방향에서 냉각된 증류수 얼음 수직 방향]

실험 장치는 열전도율이 0.03W/(mK) 스티로폼을 생각하였으나 다른 실험 용기와 같은 크기의 용기를 찾을 수 없었다. 스티로폼의 열전도율보다는 높지만 1.05W/(mK)의 열전도율을 가지고 있는 유리 비커보다는 낮은 약 0.12~0.32W/(mK)의 열전도율을 가지고 있는 실리콘을 사용하여 직접 용기를 만들었다.

그리고 실리콘 용기의 바닥면과 벽면을 두껍게 만들면 냉각 장치의 냉기에 영향을 덜 받을 것이라 예상하고 바닥면과 벽면이 두꺼운 실리콘 용기를 만들었다.

실리콘 용기와 유리 비커로 냉각 방향을 조절하여 실험을 했다. 그리고 실리콘 용기와 유리 비커에 각각 빙정핵을 투입한 것과 투입하지 않은 것을 동시에 실험을 했다.

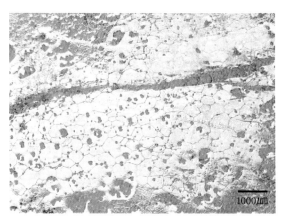

[빙정핵을 투입하고 한 방향에서만 냉각된 증류수 결정면(20배)]

여러 방향에서 냉각된 유리 비커의 경우 빙정핵을 투입하지 않은 곳에서는 얼음 표면에 결정이 생기지 않았고, 여러 방향에서 냉각되어 일정한 패턴으로 생기는 결정이 존재하지 않았다. 빙정핵을 투입한 유리 비커에서는 미세하지만 육안으로 관찰이 가능한 결정이 생겼다. 하지만 역시 여러 방향에서 냉각이 되어 일정한 패턴의 결정이 생기지 않았다.

　냉각 방향을 조절하여 냉각한 실리콘 용기의 경우 빙정핵을 투입하지 않은 얼음 표면에서는 육안으로는 식별이 불가능하였으나 현미경으로 관찰했을 때 결정이 보일 정도로 미세하게 생겼으며, 한 방향으로 얼음이 얼어 가는 것은 확인할 수 있었으나 육각기둥 모양은 확인하기 어려웠다. 빙정핵을 투입한 얼음 표면에서는 육안으로도 식별이 가능한 결정이 생성되었으며, 육각형의 기둥 역시 육안으로 관찰이 가능했다.

[빙정핵을 투입하고 한 방향에서만 냉각된 증류수]

주제 3.
육각기둥 모양 얼음 결정 상(像)에 대한 분석

♦ 빙결정계적 특성 분석이 가능할까?
♦ 격자점 연결을 통한 2차원 패턴 분석이 가능할까?

실험을 통해 생성된 육각기둥 모양 얼음이 결정이 가지는 조건
들을 가지고 있을까? 결정이 가지는 조건들을 가지고 있어 결정이
라 불릴 수 있을지 결정계적 특성을 분석해 보았다.

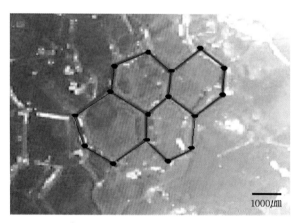

[육각기둥 모양 얼음 결정면(50배 확대)]

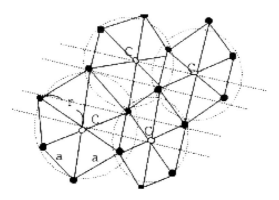

[육각기둥 모양 얼음 결정면 2차원 패턴]

실험을 통해 만든 육각기둥 모양 얼음 결정면들은 6개의 점을 통해 연결되어 있는 패턴을 보였다. 결정면 분석을 통해 간단한 규칙 배열을 가진다는 것을 확인하였다. 결정의 중심 C를 중심으로 연장한 선들은 동일한 간격을 가진 직선 위에 위치한다. 따라서 격자들의 연결점을 통해 일정한 규칙성을 가지고 있다는 것을 확인할 수 있다.

물 표면에 얼음 결정을 채우기 면적 비율이 최대가 되도록 규칙적으로 채우면 얼음 결정은 벌집 구조와 유사한 배열을 가진다. 따라서 중심 c를 기준으로 그려진 반지름 r을 가지는 각각의 원과 한 변 a를 가지는 육각형의 넓이의 비는 0.82로 일정한 패턴을 가진다.

결정면을 연결한 가상의 선들을 통해 대칭성을 발견하였다. 각 αβγδεζ에서 중심으로 연결한 선들은 1개의 6겹 축을 가지며, 완벽하지 않지만 6겹의 회전 반사축도 보인다.

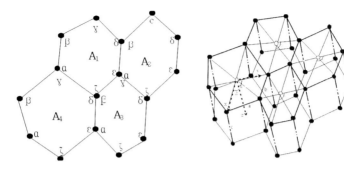

[육각기둥 모양 얼음 결정면 각도]　　　[육각기둥 모양 얼음의 결정계적 특성]

격자점들을 연결한 가상의 선으로 통해 α=β=90° χ≒120°의 특징을 가진다는 것을 알 수 있으며, 육방정계형 결정계적 특성을 가진다는 것을 확인할 수 있다.

분석한 얼음 결정의 내각의 합이 720°에 가까운 것으로 보아 각각의 얼음 결정은 육각형의 형태를 띠고 있음을 알 수 있다. 서로 만나는 첫 번째 세 각 A1-ε(138.18°), A2-α(128.29°), A3-χ(100.71°)의 합은 367.18°이다. 두 번째 세 각 A1-ζ(112.67°), A3-β(127.79°), A4-δ(130.29°)의 합은 370.75°이다.

육각기둥 얼음 결정의 결정계적 특징 분석을 통해 며, α=β=90° χ≒120°을 보아 육방정계형 구조와 비슷한 구조를 이루고 있음을 확인했다.

♦ 육각기둥 모양 얼음 결정과 수정의 레이저 굴절을 비교하여 분석할 수 있을까?

육각기둥 모양 얼음 결정이 어떠한 특징을 가지는지 면밀한 비교를 위하여 532㎚ Green Laser와 860㎚ Red Laser를 이용하여 결정의 L.R.A.(Laser Refraction Analysis)를 실시하였다.

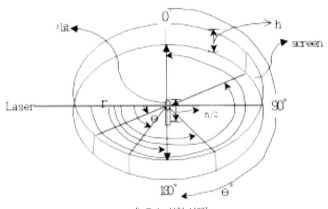

[L.R.A. 실험 설계]
결정을 지나는 레이저의 굴절 빛의 패턴을 비교하는 실험 장치

육각기둥 모양 얼음 결정과 유사한 결정의 모양을 가지는 석영을 이용하여 면에 90°의 입사각을 유지하여 입사한 후 발생하는 스펙트럼을 분석하였다.

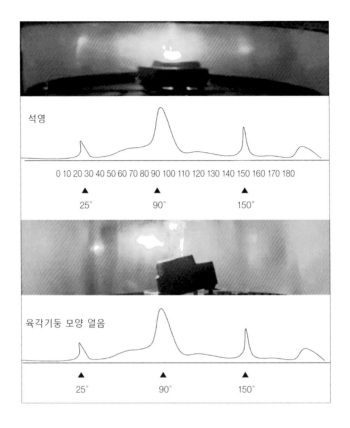

석영

0 10 20 30 40 50 60 70 80 90 100 110 120 130 140 150 160 170 180

▲ 25° ▲ 90° ▲ 150°

육각기둥 모양 얼음

▲ 25° ▲ 90° ▲ 150°

　육각기둥 모양 결정을 가지는 석영과 육각기둥 모양 얼음 결정의 레이저 굴절 분석 비교를 통해 육각 결정을 가지는 경우 θ°가 25°, 90°, 150°로 동일하였다. 이를 통해 얼음 결정이 육각의 모양을 가지는 것을 확인할 수 있었다.

　그러나 얼음 결정의 채움이 이상적인 채움이 아닌 상태거나 외부적 영향 등을 통해 사각형, 오각형, 육각형의 모양을 가지는 것도 있었다.

주제 4.
결정 성장 실험 및 안전 교육 활용

다양한 실험을 통해 얼음 결정을 발생시키고 성장시키는 조건을 알아내었다. 이런 결과를 얻어내기 위한 실험은 학교에서 학생들이 직접 하기 어렵다.

♦ 얼음 결정 실험을 학생들도 쉽게 학습할 수 있게 만들 수 있을까? 학생들이 안전하고 재미있게 실험할 수 있을까?

학생들과 함께 하는 것이기 때문에 안전해야 하고, 얼렸을 때 학생들의 흥미를 끄는 교육적 효과를 극대화하기 위해 우리 주변에서 쉽게 볼 수 있고 안전한 물질을 찾았다.

과당류를 키트의 재료로 정하였다. 과당과 증류수의 혼합 비율을 9:1부터 1:9까지 달리하여 페트리디쉬에 얼려 보았다.

과당과 증류수의 혼합물에서 재미있는 실험 결과가 나왔다. 과당과 증류수의 혼합 비율이 9:1, 8:2, 7:3의 경우에는 결정이 발생하지 않았으나 6:4 비율의 혼합물에서부터는 다양하고 재미있는 결정이 많이 발생하였다.

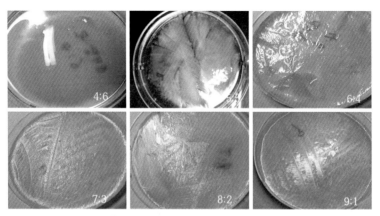

[과당과 증류수 혼합 비율에 따른 결정]

이 실험은 학생들이 직접 과당과 증류수의 혼합 비율을 정하여 결정이 발생하는 비율을 실험함으로써 찾아가는 탐구 활동이 가능한 실험이라는 생각이 들었다.

♦ 페트리디쉬가 아닌 다른 용기에서는 어떤 결과가 나올까?

얇은 페트리디쉬에서의 냉각은 짧은 시간 동안 다양한 결정 모양을 발생시켰다. 냉각 시간이 짧다는 장점이 있지만 학생들의 부주의로 내용물이 넘치거나 하는 상황이 발생하기도 했다. 이런 문제를 해결하기 위해 용량이 작은 바이엘을 사용하기로 했다.

바이엘 용기에 과당과 증류수의 혼합 비율 5:5, 과당과 증류수의 혼합 비율 5:5에 빙정핵 역할을 할 수 있는 물체를 추가한 것, 과당과 증류수의 혼합 비율 4:6, 과당과 증류수의 비율 3:7인 키트를 제작하였다.

| [증류수] | [증류수와 과당의 혼합 비율 5:5] | [증류수와 과당의 혼합 비율 5:5 (빙정핵)] | [증류수와 과당의 혼합 비율 6:4] | [증류수와 과당의 혼합 비율 7:3] |

이 실험 역시 재미있는 결과가 나왔다. 농도에 따라 결정 모양이 다르게 나왔으며, 밀도 차이에 따라 층과 층을 형성하는 실험 결과도 나왔다.

증류수와 과당류의 혼합물을 페트리디쉬나 바이엘에 담아 얼리는 실험을 통해 학생들은 결정이 나타나는 혼합 비율과 얼려서 결정이 나타난 것을 통해 결정 모양과 밀도에 따른 실험 결과를 관찰할 수 있는 탐구 활동이 가능하다.

♦ 연구 결과를 어떻게 활용할 수 있을까?

학생들이 직접 얼음 결정을 만드는 활동을 할 수 있도록 탐구 활동도 만들어 보았으나 부족함을 느꼈다. 어떻게 연구 결과를 활용할 수 있을까?

얼음의 쪼개짐에서 연구 결과의 활용 방안이 떠올랐다. 학생들에게 매년 겨울방학이 되면 실시하는 안전 교육이었다. 안전 교육 내용 중 해빙기 안전 교육에서는 해빙기에 얼음이 언 곳은 위험하니 가지 말라고 학생들에게 교육한다. 왜 위험한지 그 이유에 대해 확실한 교육을 하기보다는 기존의 안전 교육 자료에 나와 있는 것으로 안전 교육을 했다.

해빙기에 얼음 위에서의 활동이 왜 위험한지 과학적 근거를 제시고 학생들을 교육한다면 학생들이 위험성을 더 잘 인지하지 않을까?

해빙기 안전 교육 자료로 활용하기 위해서 보다 과학적이고 객관적인 근거를 갖추기 위해 추가적인 실험을 했다. 얼음의 강도를 추가적으로 실험하였다. 얼음이 꽁꽁 언 시기의 얼음의 강도와 해빙기 얼음의 강도를 비교하는 실험을 한다면 과학적이고도 객관적인 교육 자료로 충분히 활용 가능할 것이다.

우리나라에서는 보통 2월부터 해빙기로 보고 있다. 이 시기는 최고 기온은 영상이고, 최저 기온은 영하다. 최고 기온인 영상에서 얼음이 녹고, 다시 최저 기온인 영하에서는 얼음이 어는 과정이 반복된다. 이렇게 녹고 어는 과정이 반복되면서 얼음은 육각기둥 모양 결정을 가질 확률이 높다. 육각기둥 모양 결정은 횡압력에 대한 강도가 일반적인 얼음보다 약할 것이라고 예측하고 실험을 진행했다.

힘 센서를 이용하여 자료를 수치화했다. 일반 얼음에 횡압력을 가하면 얼음에 금이 가며 깨지는 현상을 보였다. 육각기둥 모양 결정을 가진 얼음에 횡압력을 가하면 얼음 결정면의 연결선을 따라 금이 가다 쪼개지는 현상이 나타났다.

2㎜ 두께의 일반 얼음보다 육각기둥 모양 결정을 가진 얼음의 강도가 약 0.35N 이상 약했다. 이것을 150㎜ 두께의 얼음으로 추산하면 일반 얼음은 95.55kg, 육각기둥 모양 얼음은 69.6kg의 무게를 견딜 수 있어 일반 얼음에 비해 육각기둥 모양 얼음은 72.9%의 강도를 가졌다.

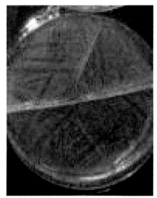 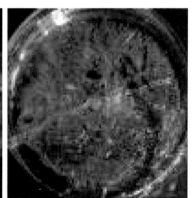

[육각기둥 모양 얼음 쪼개짐(해빙기)]   [일반 얼음 깨짐(혹한기)]
결정면의 연결선을 따라 쪼개짐   깨짐에 일정한 패턴이 없음

이를 통해 학생들에게 같은 두께의 얼음을 가지고 2월 해빙기 안전사고를 예방하는 과학적 근거로 활용할 수 있는, 의미 있는 연구였다.

얼음 결정과 관련된 교육과정 및 성취기준[4]

  지구의 약 70%를 차지하고 있는 물, 우리 주변에서 쉽게 볼 수 있는 액체 상태인 물이 냉각되어 고체 상태로 변한 것이 바로 얼음이다. 얼음은 지구상 0℃ 이하 온도의 모든 곳에서 보이며, 대기 중에도 눈 등의 상태로 존재하고 있다. 특별한 경우를 제외하고는 결정이 모인 것이며, 단결정으로 된 것은 거의 없다. 얼음은 육방 결정계에 속하는 구조로 결정 격자 속에서 수소 원자의 위치가 명확히 정해지지 않아서 결정족은 확정되지 않았다. 아직 탐구하고 연구할 영역이 많이 남아 있는 물질이 바로 물이라고 생각한다.

  이런 물이 냉각되어 고체 상태가 된 얼음 역시 물의 상태 변화를 탐구하는 것처럼 많은 탐구 활동이 가능할 것이다. 물의 상태가 변화할 때 나타나는 현상 관찰하기, 상태 변화가 일어날 때의 온도 측정하기, 분자의 구조를 모형으로 나타내기 등의 탐구 활동이 가능하다.

---

4)   교육부, 2015개정 과학과 교육과정(제2015-74호)

	핵심 개념	일반화된 지식	내용 요소	성취기준
중 1 ~ 3	물질 상태	물은 여러 가 지 상태로 존 재한다.	•세 가지 상 태와 입자 배열 •상태 변화	[9과05-01] 물질의 세 가지 상태의 특 징을 설명하고 이를 입자 모형으로 표 현할 수 있다. [9과05-02] 여러 가지 물질의 상태 변 화를 관찰하고, 상태 변화 시 나타나는 현상을 입자 모형으로 설명할 수 있다.
화 학 I	화학 결합	원소는 화학 결합을 하여 다양한 화합 물을 형성한 다.	•이온 결합 •공유 결합	[12화학 I 03-02] 이온 결합의 특성과 이온 화합물의 성질을 설명하고 예를 찾을 수 있다. [12화학 I 03-03] 공유 결합, 금속 결합 의 특성을 이해하고 몇 가지 물질의 성 질을 결합의 종류와 관련지어 설명할 수 있다.
화 학 II	물질 의 상 태	물질은 여러 가지 상태로 존재한다.	•고체의 결 정 구조	[12화학II01-05] 물의 밀도, 열용량, 표 면 장력 등의 성질을 수소 결합으로 설 명할 수 있다. [12화학II01-07] 고체를 화학결합의 종 류에 따라 분류하고, 간단한 결정 구조 를 설명할 수 있다.

「물의 결정 형성 과정 탐구 프로젝트」 질문 유형

질문 유형		질문의 유형별 특징
기초 정보 질문	사실적 질문	□ 빙결정계적 특성 분석이 가능할까? □ 격자점 연결을 통한 2차원 패턴 분석이 가능할까?
경이의 질문	이해 질문	□ 왜 얼음 조각이 육각기둥 모양일까? □ 왜 얼음 조각이 육각기둥 모양으로 쪼개질까?
	예측 질문	□ 육각기둥 모양 얼음 발생 조건은 무엇일까? □ 다른 물질로도 육각기둥 모양 얼음을 만들 수 있을까? □ 육각기둥 모양은 물에서만 생기나? □ 빙정핵으로 육각기둥 모양 얼음 결정의 성장이 가능할까? □ 냉각 방향에 따라 육각기둥 모양 얼음 결정의 성장이 가능할까? □ 육각기둥 모양 얼음 결정과 수정의 레이저 굴절을 비교하여 분석할 수 있을까? □ 페트리디쉬가 아닌 다른 용기에서는 어떤 결과가 나올까?
	적용 질문	□ 얼음 결정 실험을 학생들도 쉽게 학습할 수 있게 만들 수 있을까? □ 학생들이 안전하고 재미있게 실험할 수 있을까? □ 연구 결과를 어떻게 활용할 수 있을까?
	계획 방 략 질문	□ 육각기둥 모양 얼음의 재현은 가능할까?

과학탐구 프로젝트 수업 ❸

이중슬릿 실험 탐구

★ 〈제64회 전국과학전람회 국무총리상〉 ★

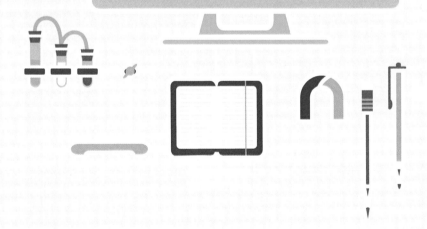

빛에 대한 탐구의 시작

　이른 저녁시간을 이용하여 운동을 하고 있는 시골의 밤하늘에 반짝거리는 별이 보였다. 아마도 금성이나 화성인 듯하였다.

　별빛이 마치 나뭇가지처럼 뭉쳐서 퍼져 보였다. 별을 중심으로 빛의 가지가 퍼져 나가는 듯한 모습을 보여주고 있었다.

♦ 밤하늘의 별빛은 왜 저렇게 빛나죠?

　그것은 우리에게 던지는 빛에 대한 첫 질문이었다. 빛을 이용하고, 빛의 세상에서 살고 있지만, 그리고 과학시간에 수도 없이 배웠고 학생들을 가르쳤지만 질문하지 않았다. 빛에 대하여 나에게 첫 질문을 한 것이다.

　질문이 생긴 후 세상의 빛들이 모두 다르게 보였다. 가로등 아래로 퍼져 나가는 빛도, 고속도로를 달리는 자동차 후미등의 퍼져 나가는 빛도, 경찰차 경광등의 두 가지 색깔 빛의 퍼짐 차이에 대한 이해도 모두 질문으로 다가왔다.

　별빛에 대한 질문에서 시작된 배움은 그동안 교과서 순서에 따라 배웠던 모든 지식에 대해 절대 선제적이지 않은 배움의 이동이 되었다.

인간은 고대부터 빛에 대해 궁금해 하였다. 대표적인 인물들만 정리해 보면 유클리드, 프톨레마이오스, 갈릴레이, 뉴턴, 호이겐스, 뢴트겐, 타운스, 아인슈타인과 같이 유명한 과학자들이 연구에 몰두한 대상이었다.

우리의 질문은 네덜란드의 물리학자이자 천문학자인 호이겐스가 주장한 호이겐스의 원리에 의해 설명될 수 있었다. 호이겐스의 원리에 대한 설명들을 다시 읽다가 고교 과학시간에 의미 없이 배웠던, 다양한 이론들에 대해 다시 접하게 되었다. 고등학교 과학시간에 배운 것은 나의 자의가 아니었으니 금방 큰 의미 없이 사라져 버렸다. 빛에 대한 연구사를 위아래로 읽어 가다 보니, '세상을 바꾼 가장 위대한 실험'이라고 꼽히는 토마스 영의 이중슬릿 실험이 눈에 들어왔다.

♦ 토마스 영은 어떻게 이중슬릿 실험을 했을까?

1800년경 실시된 토마스 영의 이중슬릿 실험은 빛에 대한 오랜 논란, 즉 빛이 파동의 성질을 가지고 있다는 것을 실험을 통해 증명해준 실험으로 각종 교과서 및 물리학 책에 나와 있을 만큼 위대한 실험이다.

관련 자료를 탐색하다 보니 실험에 대한 내용을 현대적으로 개념화시킨 그림이나 상상도 사진만 있었고, 당시 실험 방법 및 실험에 대한 설명은 거의 없었다. 토마스 영은 유리판을 그을린 후 면도칼로 두 개의 선을 그어 이중슬릿을 만들었고, 보통 우리가 실험하는 레이저로 실험하지 않았다.

♦ 토마스 영의 이중슬릿 실험을 재현할 수 있을까?

1801년에 실시된 실험을 당시의 상황과 유사하게 재현할 수 있을지, 스스로에게 던진 질문은 곧바로 절망으로 빠져 버렸다. 유리판을 이용하여 이중슬릿을 만드는 것도, 암실과 스크린을 만드는 것도, 광원을 선정하는 것도 무엇 하나 쉬운 일이 없었다.

지금도 못 하는 것을 200년 전에는 어떻게 한 거야? 결국 광원은 그대로 레이저를 이용하여 실험을 하였다. 그럼에도 불구하고 슬릿의 간격과 모양으로 인해 크게 의미 있는 실험이 나오지 않았다. 단순한 재현도 이렇게 힘든데 상에 대한 해석과 원리에 대한 연구까지 마친 토마스 영에 대한 존경심까지 생겼다.

토마스 영의 이중슬릿 실험 재현의 목적과 의미를 상실한 채로 모든 것을 그만두고 정리하면서, 슬릿을 만들기 위해 잘라온 유리판과 레이저를 아쉬움에 만지작거리며 장난을 하던 순간이었다.

✦ "어, 이건 뭐지?"

거실의 반대편에 이중슬릿 상이 펼쳐졌다. 소름이 돋고 흥분이 되어 소리쳤다.

"빨리 와 봐, 이것 봐."

[판유리와 레이저로 만든 이중슬릿 상]

유리판을 비스듬하게 잡은 상태로 레이저를 쏘면서 유리판의 중앙부터 훑어서 가장자리로 이동시켰다. 가운데부터 동그란 형태를 지니던 레이저의 상이 유리판의 모서리를 지나는 순간 이중슬릿 상이 펼쳐졌다. 0.1초도 안 되는 순간 상이 지나간 것이다.

레이저 포인터의 레이저는 유리판의 모서리를 지나서 반대편 벽에 이중슬릿 상을 만들어낸 것이다. 떨리고 너무나 놀라서 심장이 벌렁거렸으며, 덜컥 겁이 났다.

✦ 이것을 어떻게 증명하지?

하나의 질문에서 시작된 다양한 탐구의 과정이 엉뚱한 현상에 대한 발견으로 이어졌으며, 이를 해결하기 위한 다양한 탐구 프로젝트를 완성시켜 나갈 수 있었다.

과학탐구 프로젝트 수업 구안 과정

판유리 사이의 회절 간섭 굴절 현상 연구

- 판유리를 지나는 빛의 Reflection 현상
- 판유리 사이의 빛의 회절 및 간섭 연구

판유리를 활용한 빛의 회절 간섭 실험 장치 개발

- 슬릿 간격 조절이 가능한 단일 및 이중슬릿 겸용 장치 개발 방향
- 개선된 Double slit 실험 장치
- 판유리를 활용한 실험 장치 개발 결과

누구나 쉽게 배우는 빛 교수·학습 프로그램 개발

- 빛 관련 교육과정 내용 분석 및 활용 방안 연구
- 누구나 쉽게 배우는 빛 관련 탐구 활동 구안
- 과학탐구 활동 주제로서의 교육 프로그램 개발 및 적용

주제 1.
판유리 사이의 회절 간섭 굴절 현상

판유리를 지나는 빛이 만들어내는 회절 간섭 상을 눈으로 직접 보고도 증명하는 것에 대한 두려움을 느껴서 첫 질문은 "어떻게 증명하지?"였다.

재미있는 현상을 발견하고도 왜 이러한 질문을 하였을까? 그것은 그 실험 대상이 빛이기 때문이다. 위대한 과학자들도 대상이 빛이기 때문에 각종 증명에 어려움을 겪었다. 빛은 너무 빨라서 현상이 일어나는 순간을 포착하기 힘들다. 그러므로 실증을 해야 하는 과학의 특성상 어려움이 예상되는 것이다. 빛에 대한 연구는 잘 되어 있으니 유리를 지나는 빛의 특성을 다시 살펴보기로 하였다.

♦ 유리에서 일어나는 빛의 현상은? 유리를 지나는 빛의 굴절 현상은?

유리판에서 일어나는 빛의 현상 중 가장 쉽게 경험할 수 있는 것은 굴절 현상이다. 초등학교 6학년 과학시간에도 배우는 가장 기초적인 현상이며, 우리 일상생활 속에서도 많이 이용하고 있는 중요한 현상이다. 그리고 중학교 과정에서 배우는 전반사 현상도 찾아볼 수 있다. 전반사는 굴절률이 큰 매질에서 작은 매질로 빛이 진행할 때 나타나는 현상 중의 하나이다. 여러 개의 빛이 진행할 때 굴절률이 높은 매질에서 낮은 매질로 진행할 때 일정한 각을 넘어서면 전반사 현상이 나타나게 된다.

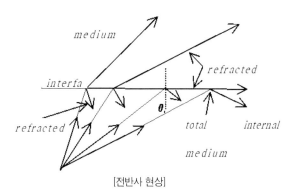

[전반사 현상]

실험에서 사용한 판유리도 유리이기 때문에 굴절에 의한 전반사 현상이 나타나게 된다. 유리가 공기보다 굴절률이 높기 때문에 실험에 사용한 판유리에 15°로 입사한 레이저 빛은 굴절되어 매질의 경계면에 약 78°의 각으로 입사하게 되며 전반사가 일어나는 각인 43.2°를 넘겨 모든 빛을 반사하여 음영대가 생겼다.

[빛의 전반사로 생긴 음영대]

빛의 굴절 현상은 매질에 따라 빛의 진행속도가 다르기 때문에 일어나는 현상으로 위에서도 말한 것과 같이 흔하게 관찰되며, 다양한 방법으로 활용되고 있다. 진공상태의 빛의 속도는 300,000㎞/s이나 유리 속에서는 약 205,000㎞/s로 감소하게 된다. 이를 통해 굴절률($n=c/v$)을 구할 수 있게 된다. 판유리에 입사하게 되는 빛은 입사각보다 작은 각으로 굴절되어 진행하게 된다. 이러한 굴절 현상의 이해를 통해서 빛의 이동 경로를 예측할 수 있게 된다. 또 판유리를 통해 굴절 실험 등에 다양하게 활용할 수 있는 확장성을 가진다.

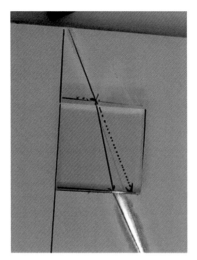

[빛의 굴절 현상]

♦ 판유리 사이를 지나는 빛의 회절과 간섭 현상?

　21세기 학교에 있지만 다양한 실험 장비를 구비하는 것은 쉽지 않다. 모든 학생들이 한 명 한 명 실험을 하기에는 부족함을 많이 느낀다. 이중슬릿 실험은 빛에 관한 가장 아름다운 실험 중 하나로 꼽힌다. 학생이었을 때는 원리만 들었지 실제로 실험을 해 보지는 못했다. 아마도 입시 제도나 당시 여건의 문제로 인해 원리만 배웠던 것 같다. 하지만 실험을 통해 접근했다면 과학에 대한 흥미를 더 가지지 않았을까 생각해 본다.

　판유리와 판유리 사이 틈을 지나는 빛이 회절 간섭을 일으키는 것을 관찰하고 간섭상을 통하여 확인하였다. 이것은 일반적으로 예상한 빛의 경로와는 확연하게 차이가 있었다.

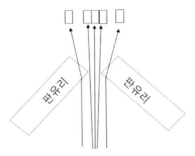

[판유리를 지나는 빛의 회절 간섭 원리]

　판유리를 지나는 빛과 판유리 사이를 지나는 빛이 회절과 간섭
을 일으키는 것이다. 이것은 판유리 사이를 지나는 빛이 여러 가
지 현상을 동시에 일으킨다는 것을 설명해주는 것이다.

♦ 판유리 사이를 지나는 빛의 회절 현상?

　판유리와 판유리 모서리의 사이를 지나는 빛이 일반적인 단일
슬릿과 같이 미세한 간격을 지나는 빛에서 나타나는 회절 현상과
같은 현상이 발생하였고, 판유리와 판유리가 빛에 수직으로 이루
는 각의 변화에 따라 상의 변화가 발생하였다.
　이를 통해 판유리 각의 조정을 통해 빛의 경로를 조절할 수 있
다는 생각이 들었다.

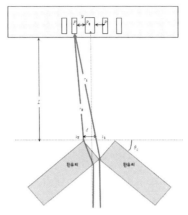

[판유리 각 조정을 통한 빛의 경로 조절 원리]

판유리의 중심을 지나는 빛과 판을 통해 굴절하여 들어오는 빛을 판유리의 각도를 조정함으로써 특정 각도 구간에서 이중슬릿의 상을 이루게 할 수 있는 것이다. 다시 말하면, 단일슬릿을 통과하는 빛과 굴절에 의해 형성된 빛이 간섭하여 빛의 간격과 방향에 따라 이중슬릿 및 단일슬릿 상이 만들어지는 것이다.

♦ 판유리의 각도 변화와 상 변화의 관계는?

두 개의 판유리가 일정한 각도를 가질 필요는 없었다. 판유리가 이루는 각도를 다양하게 조정하면서 상을 관찰하여 보니 각도에 따라 상의 변화가 관찰되었다. 각도와 상의 변화는 일정하게 각도가 커질수록 간섭상의 간격이 작을 때의 상과 유사하게 만들어졌다.

두 개의 판유리가 이루는 각의 조정을 통해 빛의 경로를 조정할 수 있다는 것은 슬릿을 통과한 빛의 간격을 조정할 수 있다는 것이 된다. 판유리 활용 슬릿의 슬릿 간격 조절 원리는 아래 그림에서 보는 바와 같이 Δd가 줄어들수록 빛⓪ 빛③의 간섭이 발생하며, 임계각을 초과한 경우 빛③이 빛①과 ②와 같이 빛⓪과 간섭을 일으키지 못한다. 따라서 각각의 빛들이 빛⓪, 빛①과 ②, 빛③으로 분리되면서 빛⓪과 빛③이 간섭을 일으키는 것으로 예상된다. 특히 판유리를 슬릿의 역할과 견주어볼 때 Δd(빛⓪과 빛③)의 간격이 줄어들수록 빛⓪ 빛③의 간섭이 발생되어 이중슬릿의 간섭상이 생기고, 판유리가 이루는 각 60°부터는 빛③이 빛①과 ②와 같이 빛⓪과 간섭을 일으키지 못하여 단일슬릿의 상이 나타난다.

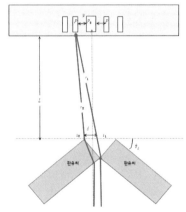

[판유리와 판유리가 이루는 각에 따른 이중슬릿
상과 단일슬릿 상 발생 원리]

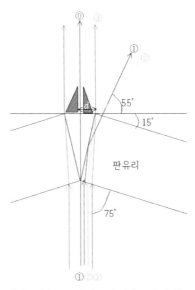

[판유리 활용 슬릿과 슬릿 간격 조절 원리]

　진행하는 빛에 대한 판유리의 각도 조절이 슬릿과 슬릿 사이의 간격 변화와 같은 현상을 가져오며, 이러한 간격의 변화는 판유리 사이의 각도에 따른 간섭상의 $P - P_0$를 통해 확인할 수 있었다. 판유리 사이의 각의 변화에 따라 간섭상의 변화가 일어났으며 진행하는 빛이 판유리와 판유리 사이를 지날 때 판유리가 가지는 각<60°일 때 이중슬릿 간섭상이 발생하였다는 것을 알 수 있다.

주제 2.
판유리를 활용한 빛의 회절 간섭 실험 장치 개발

판유리를 지나는 빛이 다양한 현상을 일으킨다는 것을 확인하였다. 간단한 실험을 통해 모두가 경험할 수 있는 회절 간섭 실험 장치를 만들 수 있을까?

이중슬릿 실험 장치는 다른 실험 장치에 비해 고가이다. 또 이미 정해진 실험으로 인해 다양한 경험을 유도하기에는 고정적인 한계가 있다. 우리나라 교육현장이 지속적으로 발전하고 있으며, 과학실 여건도 잘 갖춰진 곳이 많이 있다. 하지만 고등학교 이하의 학교에서 정교한 Double slit 실험 장치를 구비하는 것은 쉽지 않다.

토마스 영의 Double slit 실험에 대해 배우지 않더라도, Double slit 실험을 관찰함으로써 빛의 다양한 성질을 학습하는데 도움이 된다. 모든 학교에서 활용할 수 있고 되도록 학생 개개인이 실험을 할 수 있는, 저렴하고 간단한 실험 장치가 필요하다는 생각이 들었다.

초등학교 중학년부터 고등학교까지 빛의 성질에 대한 학습이 이루어진다. 여기에는 굴절, 전반사, 빛의 파동성 등에 대해 학습하게 된다. 이러한 학습을 위해 하나의 실험 키트로 다양한 실험을 하게 되면 빛에 대한 연속적인 학습도 가능하다. 따라서 모든 실험에 적용할 수 있는 실험 장치를 개발하는 것으로 방향을 정하였다.

개발하고자 하는 실험 장치 개선을 위한 실험 개념 설계이다. 레이저 또는 광원의 입사된 빛이 판유리 사이를 지나면서 간섭상을 만들어내는 것이 기본 개념이 된다.

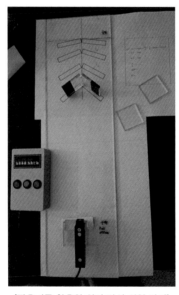

[판유리를 활용한 회절 간섭 실험 장치]

두께 5㎜인 판유리의 사이를 레이저가 지나가게 하며, 이때 발생하는 간섭상 및 회절상을 모두 관찰할 수 있도록 만드는 실험 장치를 고안하였다. 또 진행하는 빛에 대한 판유리 각도의 변화에 따라 슬릿과 슬릿의 간격을 조정하도록 하였다. 각각의 슬릿을 사용하지 않고 하나의 실험 장치를 통해 단일슬릿 상, 이중슬릿 상 등 다양한 현상을 경험할 수 있도록 구성하였다. 또 판유리를 통해 전반사와 굴절 실험도 모두 할 수 있도록 개념을 설계하였다.

◆ 개발한 간단한 실험 장치가 시중에서 구매하는 실험 장치와 같은 실험 결과를 얻을 수 있을까?

개선된 실험 장치가 실험 장치로서 적절한 역할을 할 수 있는지에 대하여 실험을 통해 검증하여 보았다.

실험 장치를 통해 관찰이 가능한 간섭상을 촬영하여 이미지 J의 분석-포토프로필을 통해 빛의 세기를 중심으로 분석·검증하였다.

판유리 실험 장치를 통해 만들어진 단일슬릿 상은 일반적으로 알려진 상과 같은 그래프와 같은 빛의 강도와 간격을 가졌다.

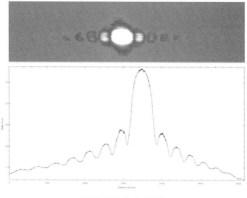

[단일슬릿 상과 패턴]

　개발한 실험 장치를 통해 만들어 본 단일슬릿 상이 왜곡이나 변형 없이 일반적으로 알려진 슬릿의 모습으로 발생하였다.

　판유리를 이용하여 개발한 이중슬릿 실험 장치도 일반적으로 알려진 것과 같은 이중슬릿 상의 패턴을 만들어냈으며, 마찬가지로 밝은 부분 안쪽에 간섭된 상의 모습이 보인다.

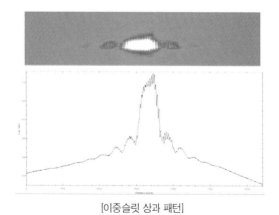

[이중슬릿 상과 패턴]

판유리를 이용한 실험 장치의 가장 큰 강점은 극대기 안쪽 간섭상의 개수가 이중슬릿 간섭상과 다르며 빛의 강도 그래프 또한 다르게 나타난다는 것이다. 이중슬릿에 머물러 있는 학생들의 사고 범위를 확장시킬 수 있으며, 고정적 사고에서 탈피하게 하는 문제로도 사용될 수 있을 것이다.

♦ 사용한 빛의 파장을 역으로 확인할 수 있을까?

실험의 정확성을 확인하기 위해서 파장의 크기를 발생된 상의 크기를 통해서 검증해 보았다. $L = 2m$ θ_g에 따른 d의 거리가 $1.71 \times 10^{-3}m$이고 Δy가 $8.0 \times 10^{-3}m$일 때 $\lambda = \dfrac{d}{L}\Delta y$의 식을 이용하여 계산한 λ의 값이 684㎚이다. 이번 실험에 사용한 적색 레이저의 파장은 698㎚이다.

판유리의 면을 수직으로 통과한 광원의 원래 형태를 유지하고 있다.

주제 3.
누구나 쉽게 배우는 빛 관련 교육 프로그램 개발 및 적용

　이론부터가 아닌, 경험을 통해서 다양한 현상에 대해 쉽게 배울 수 있도록 프로그램을 개발하면 어떨까?

　빛 관련 교육과정에서 중요한 회절 간섭 실험을 통해 인식의 변화를 이끌어낼 수 있도록, 초등학생도 할 수 있는 회절 간섭 실험에 대하여 주제 탐구 수업 자료로 개발을 하였다.

　빛 관련된 교육과정은 어떤 것이 있을까?

　현재 적용 중인 2015개정교육과정[5]에서 빛과 관련된 내용 요소를 추출해 보면 아래와 같다.

---

5)　교육부, 2015개정 과학과 교육과정(제2015-74호)

영역		핵심 개념	일반화된 지식	내용 요소		활용방안
공통 교육 과정	파동	파동의 종류	빛을 비롯한 전자기파는 전자기 진동이 공간으로 퍼져나가는 파동이다.	초3~4	•빛의 직진 •그림자	•전등과 물체 사이의 거리에 따른 그림자의 크기 변화 관찰하기
		파동의 성질 파동의 성질	파동은 반사, 굴절, 간섭, 회절의 성질을 가진다.	초 5~6	•프리즘 •빛의 굴절 •볼록 렌즈	•유리나 물, 볼록 렌즈를 통과하는 빛 관찰하기
			파동은 반사, 굴절, 간섭, 회절의 성질을 가진다.	중1~3	•빛의 합성 •빛의 삼원색 •평면 거울의 상	•거울과 렌즈에 의한 상의 특징 관찰하기
선택 중심 교육 과정	물리학 Ⅰ	파동	파동의 성질	파동은 반사, 굴절, 간섭, 회절의 성질을 가진다.	•파동의 요소 •파동의 간섭	•여러 가지 전반사 관찰
	물리학 Ⅱ	파동	파동의 성질	파동은 반사, 굴절, 간섭, 회절의 성질을 가진다.	•파동의 굴절과 간섭	•이중슬릿의 간섭 실험을 이용하여 빛의 파장 구하기
	고급 물리학	광학	간섭·회절	파동의 기본 요소로 간섭과 회절현상을 설명할 수 있다.	•빛의 간섭 •간섭계 •파동의 회절 •빛의 회절 •여러 가지 회절 (회절격자)	•영의 이중슬릿 실험에서 나타나는 무늬의 특징에 대하여 설명, 변인에 따른 변화 예측 •마이컬슨 간섭계 등 산업계에서 이용되는 간섭계에 대해 설명 •회절의 원리를 이해하고, 일상생활에서 나타나는 회절 현상의 예 설명 •단일슬릿에 의한 회절 실험에서 나타나는 무늬의 특징을 설명하고, 변인에 따른 변화를 예측 •이중슬릿에 의한 회절 무늬 특징을 알고, 다중슬릿 등에 의한 회절 현상의 분석에 적용

♦ 누구나 쉽게 배우는 빛 관련 탐구 활동은 무엇이 있을까?

초등학교 4학년 〈그림자와 거울〉 단원에서는 학생들이 일상생활에서 흔히 경험하는 그림자와 거울을 소재로 빛의 여러 가지 성질 중에서 직진과 반사를 다룸으로써 빛의 특징을 이해하고 탐구하려는 태도를 가지도록 한다. 전등과 물체 사이의 거리에 따른 그림자의 크기 변화를 관찰하여 서술하는 부분에 개발한 실험 장치를 이용하는 것을 탐구 과정에 넣고, 빛의 반사, 그림자, 빛의 직진, 그림자 크기를 소개한다. 6학년 〈빛과 렌즈〉 단원을 통해서는 빛의 굴절을 지도하게 된다. 유리를 통과하는 빛을 관찰하는 과정이 포함되어 있어 실험 실습으로 흥미를 유발 시킬 수 있다.

중학교 3학년 〈빛과 파동〉 단원에서는 물체를 보는 과정을 빛의 경로와 관련하여 이해하고, 일상에서 쉽게 볼 수 있는 렌즈와 거울 등을 통하여 빛의 성질과 이용에 관심을 갖도록 하고 있다. 이러한 것을 학습할 때는 학생들이 직접 관찰하거나 간단하게 해 볼 수 있도록 다양한 활동을 제공하거나 빛의 성질을 이용한 실험 관찰 도구를 활용하여 지도할 때 활용할 수 있다.

고등학교 물리학Ⅰ 〈파동과 정보통신〉 단원에서는 파동의 요소, 굴절, 전반사, 간섭 등을 연속적으로 지도하게 된다. 파동의 간섭을 활용한 예로 빛이나 소리와 관련된 다양한 현상을 지도할 때 활용할 수 있다. 물리학Ⅱ 〈파동과 물질의 성질〉 단원을 통해 이중슬릿의 간섭 실험을 이용하여 빛의 파장을 구하도록 지도하고 있다. 이때 간단하면서도 모든 학생들이 직접 이중슬릿 간섭 실험을 할 수 있도록 활용할 수 있다. 고급물리학 〈광학〉 단원에서는 빛의 회절과 간섭 특성을 알아보기 위해서 단일슬릿, 이중슬릿, 다중슬릿 등의 실험 등을 지도한다. 빛이 매질의 경계면에서 굴절하는 현상을 관찰하여 매질의 굴절률을 구하여 전반사의 조건을 찾는 활동 지도, 레이저를 이용해 이중슬릿에 의한 빛의 간섭 현상을 관찰하며 간섭 무늬에 대한 공식을 이용하여 빛의 파장을 구하는 활동 지도, 단일슬릿, 다중슬릿 등에 의한 무늬가 슬릿의 폭, 슬릿의 간격, 빛의 파장에 따라 어떻게 나타나는지 실험을 통해 측정하고 변인 관계를 수식으로 표현하는 것을 지도하게 된다. 이때 모든 활동을 할 수 있는 실험 장치로 활용할 수 있다.

■ **고등학교 물리학 II 〈파동과 물질의 성질〉**
판유리를 활용한 굴절 회절 키트를 활용한 빛의 간섭 현상 탐구

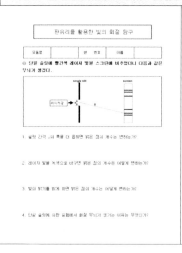

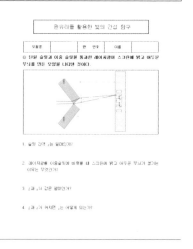

◆ 판유리를 활용한 굴절 회절 실험 키트는?

빛 관련 실험으로 가장 많이 알려진 이중슬릿의 회절 간섭 실험
은 매우 간단한 실험이지만 슬릿의 정확성이 요구되어 고가의 실
험 장치가 필요한 실험이다. 실험 장치가 고가여서 모든 학생들이
실험에 참여하기는 매우 어려운 것이 우리 교육 현실이다. 하지만
기존의 실험 장치에 비해 저렴하게 여러 빛 관련 실험을 할 수 있
는 키트를 제작하면 모든 학생들이 어려움 없이 실험을 할 수 있
을 것이다. 모든 학생들이 실험에 참여할 수 있기 때문에 빛 관련
실험에 대해 학생들의 이해를 돕고 새로운 물리학적 경험을 제공
할 수 있다.

[판유리를 활용한 굴절 회절 실험 키트]

과학(물리)	과학탐구 과정	탐구방법
• 그림자 • 빛의 굴절 • 빛의 간섭 • 빛의 회절	• 관찰 - 빛의 굴절, 간섭, 회절 관찰 • 측정 - 굴절각, 간섭상 변화율 측정 • 예상 - 간섭상 최적화 조건 • 의사소통 - 탐구 내용 발표	• 키트를 활용한 빛의 굴절, 간섭, 회절 체험 • 키트를 활용하여 간섭상의 변화율 측정 확인 • 판유리 각도에 따른 간섭상의 변화 탐구 • 빛 관련 실험 적용 사례 검색

빛과 관련된 교육과정 및 성취기준[6)]

우리와 언제나 함께 하고 있기에 존재하는 것이 당연하다고 여기는 빛. 빛이 있기에 우리가 사물을 볼 수 있으며, 다양한 색을 인식할 수 있다. 또한 빛이 만들어내는 다양한 현상을 과학적으로 관찰하고 탐구할 수 있다. 빛의 반사, 굴절, 회절, 간섭 등의 현상에 관심을 갖는다면 많은 탐구 활동이 가능할 것이다.

투명한 물체와 불투명한 물체의 그림자 비교하기, 전등과 물체 사이의 거리에 따른 그림자의 크기 변화 관찰하기, 프리즘으로 만든 무지개 관찰하기, 유리나 볼록 렌즈를 통과하는 빛 관찰하기, 거울과 렌즈에 의한 상의 특징 관찰하기, 소리의 진폭, 진동수, 파형 탐구하기, 여러 가지 전반사 관찰, 이중슬릿의 간섭 실험을 이용하여 빛의 파장 구하기, 이중슬릿 실험에서 나타나는 무늬의 특징 설명하기, 일상생활에서 나타나는 회절현상 조사하여 발표하기, 이중슬릿에 의한 회절 무늬의 특징을 알고 다중슬릿 등에 의한 회절 현상의 분석에 적용하기 등의 탐구 활동이 가능하다.

---

6)   교육부, 2015개정 과학과 교육과정(제2015-74호)

	핵심개념	일반화된 지식	내용요소	성취기준
초3~4	파동의 종류	빛을 비롯한 전자기파는 전자기 진동이 공간으로 퍼져나가는 파동이다.	•빛의 직진 •그림자	[4과15-01] 여러 가지 물체의 그림자를 관찰하여 그림자가 생기는 원리를 설명할 수 있다. [4과15-02] 전등과 물체 사이의 거리에 따른 그림자의 크기 변화를 관찰하여 서술할 수 있다.
초5~6	파동의 성질	파동은 반사, 굴절, 간섭, 회절의 성질을 가진다.	•프리즘 •빛의 굴절 •볼록렌즈	[6과11-01] 햇빛이 프리즘에서 다양한 색으로 나타나는 현상을 관찰하여, 햇빛이 여러 가지 색의 빛으로 되어 있음을 설명할 수 있다. [6과11-02] 빛이 유리나 물, 볼록 렌즈를 통과하면서 굴절되는 현상을 관찰하고 관찰한 내용을 그림으로 표현할 수 있다.
중1~3	파동의 성질	파동은 반사, 굴절, 간섭, 회절의 성질을 가진다.	•빛의 합성 •빛의 삼원색 •평면거울의 상	[9과06-01] 물체를 보는 과정을 빛의 경로를 이용하여 표현할 수 있다. [9과06-03] 여러 가지 거울과 렌즈를 통해 나타나는 상을 관찰하여 상의 특징을 비교하고, 평면거울에서 상이 생기는 원리를 설명할 수 있다. [9과06-04] 파동의 종류를 횡파와 종파로 구분하고, 소리의 특징을 진폭, 진동수, 파형으로 설명할 수 있다.
물리학 I	파동의 성질	파동은 반사, 굴절, 간섭, 회절의 성질을 가진다.	•파동의 요소 •파동의 간섭	[12물리 I 03-02] 파동의 전반사 원리를 이용한 광통신 과정을 설명할 수 있다. [12물리 I 03-04] 파동의 간섭이 활용되는 예를 찾아 설명할 수 있다.
물리학 II	물질의 상태	파동은 반사, 굴절, 간섭, 회절의 성질을 가진다.	•파동이 굴절과 간섭	[12물리 II 03-05] 이중슬릿의 간섭 실험을 이용하여 빛의 파장을 구할 수 있다. [12물리 II 03-06] 광전 효과 실험을 근거로 빛의 입자성을 설명할 수 있다. [12물리 II 03-07] 입자의 파동성을 물질파 이론과 전자 회절 실험을 근거로 설명할 수 있다.

| 고급물리학 | 간섭회절 | 파동의 기본 요소로 간섭과 회절 현상을 설명할 수 있다. | • 빛의 간섭
• 간섭계
• 파동의 회절
• 빛의 회절
• 여러 가지 회절 (회절격자) | [12고물03-04] 다양한 파동의 종류를 구별하고, 파동 함수로부터 파수, 진동수, 파동의 속력 등을 구할 수 있다.
[12고물03-05] 파동의 간섭 현상을 수학적으로 해석하고, 생활 주변에서 발견할 수 있는 간섭 현상의 예를 찾아 설명할 수 있다.
[12고물03-06] 영의 이중슬릿 실험에서 나타나는 무늬의 특징에 대하여 설명하고, 변인에 따른 변화를 예측할 수 있다.
[12고물03-07] 마이컬슨 간섭계 등 산업계에서 이용되는 간섭계에 대해 설명할 수 있다.
[12고물03-08] 회절의 원리를 이해하고, 일상생활에서 나타나는 회절 현상의 예를 들 수 있다.
[12고물03-09] 단일슬릿에 의한 회절 실험에서 나타나는 무늬의 특징을 설명하고, 변인에 따른 변화를 예측할 수 있다.
[12고물03-10] 이중슬릿에 의한 회절 무늬 특징을 알고, 다중슬릿 등에 의한 회절 현상의 분석에 적용할 수 있다. |

「이중슬릿 실험 탐구 프로젝트」질문 유형

질문 유형		질문의 유형별 특징
기초 정보 질문	사실적 질문	□ 토마스 영은 어떻게 이중슬릿 실험을 했을까? □ 유리에서 일어나는 빛의 현상은? □ 유리를 지나는 빛의 굴절 현상은? □ 빛 관련된 교육과정은 어떤 것이 있을까? □ 누구나 쉽게 배우는 빛 관련 탐구 활동은 무엇이 있을까?
경이 의 질문	이해 질문	□ 밤하늘의 별빛은 왜 저렇게 빛나죠? □ "어, 이건 뭐지?"
	예측 질문	□ 판유리의 각도 변화와 상 변화의 관계는? □ 개발한 간단한 실험 장치가 시중에서 구매하는 실험 장치와 같은 실험 결과를 얻을 수 있을까?
	변칙 발견 질문	□ 토마스 영의 이중슬릿 실험을 재현할 수 있을까? □ 판유리 사이를 지나는 빛의 회절과 간섭 현상? □ 판유리 사이를 지나는 빛의 회절 현상? □ 사용한 빛의 파장을 역으로 확인할 수 있을까?
	적용 질문	□ 간단한 실험을 통해 모두가 경험하게 하는 회절 간섭 실험 장치를 만들 수 있을까? □ 판유리를 활용한 굴절 회절 실험 키트는?
	계획 방략 질문	□ 이것을 어떻게 증명하지? □ 다양한 현상을 이론부터가 아닌 경험을 통해서 쉽게 배울 수 있도 록 프로그램을 개발하면 어떨까?

과학탐구 프로젝트 수업 ❹

팔만대장경판 탐구

★ 〈제63회 전국과학전람회 식물 부문 특상〉 ★

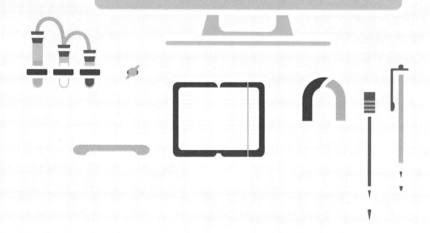

해인사 팔만대장경판에 대한 탐구 시작

나른한 오후. 방과후에 교실에서 독서를 하던 학생이 역사와 관련된 책을 읽고 있었다. 책을 읽으면 친구들이나 나에게 책의 내용을 알려주던 학생이 이야기를 시작했다.

"선생님, 해인사에 팔만대장경판이 있대요."

"해인사 팔만대장경판은 국보 제32호래요."

"2007년에 유네스코 세계기록유산으로 등재되었대요."

"고려시대에 만들어져서 거의 1,000년이라는 시간이 흘렀는데도 망가진 것이 없대요."

그러다 갑자기 학생이 물었다. "팔만대장경판은 무슨 나무로 만들었어요?"

학생이 나에게 던진 질문에 순간 아무 말도 할 수 없었다. 팔만대장경판에 대해서는 알고 있었지만 팔만대장경판을 만든 나무에 대해서는 알고 있지 못했기 때문이다. 그동안은 팔만대장경판이 중요했지 팔만대장경판을 만든 나무에는 관심이 하나도 없었다.

학생의 질문에 팔만대장경판을 만드는 데 사용한 나무에 대해 알아보았다. 가장 많은 64%를 차지하는 나무가 바로 산벚나무였다.

수종[7]	수량(장)	비율(%)
산벚나무	135	64
돌배나무	32	15
거제수나무	18	9
층층나무	12	6
고로쇠나무	6	3
후박나무	5	2
사시나무	1	1
계	209	100

♦ 그런데 산벚나무가 어떤 나무예요?

우리 주변에서 봄에 많은 꽃을 피우는 벚나무가 어떤 나무인지는 잘 알고 있지만, 산벚나무에 대해서는 모르는 것이 많았다. 많은 학생들이 벚나무와 산벚나무를 구분하지 못했다.

벚나무는 꽃자루가 모여 작은 자루에 달린 후 가지에 달려 있고, 산벚나무는 꽃자루가 가지에 바로 달려 있다. 꽃이 피어 있을 때는 두 나무를 구분하기 어렵지만 열매가 맺혔을 때는 조금 더 쉽게 구분할 수 있다. 벚나무는 정원수나 가로수로 많이 심는데, 산벚나무는 이름처럼 우리나라 거의 모든 산에 자생하는 나무이다.

---

7)   박상진 교수의 나무세상, http://webbuild.knu.ac.kr

◆ 왜 산벚나무로 팔만대장경판을 만들었어요?

 학생과 함께 해인사 팔만대장경판의 대부분을 산벚나무로 만들었던 이유를 알아보기 위해 해인사의 성보박물관 학예사와 면담도 하고, 여러 자료를 찾아보았지만 왜 산벚나무를 사용했는지 정확한 이유는 알 수 없었다.

 '왜 산벚나무를 사용했을까'라는 질문에 대한 답을 찾기 위해 다양한 탐구 프로젝트를 완성시켜 나아갔다.

과학탐구 프로젝트 수업 흐름

산벚나무의 비밀 1 - 구조

- 산벚나무의 구조는 어떻게 생겼을까?
- 산벚나무와 다른 나무의 구조는 어떻게 다를까?

산벚나무의 비밀 2 - 강도

- 산벚나무의 강도는 어느 정도일까?
- 산벚나무와 다른 나무의 강도는 어떻게 다를까?

산벚나무의 비밀 3 - 방충

- 산벚나무의 방충력은 얼마나 될까?
- 산벚나무와 다른 나무의 방충력은 어떻게 다를까?

산벚나무의 비밀 4 - 항균

- 산벚나무의 항균력은 얼마나 될까?
- 산벚나무와 다른 나무의 항균력은 어떻게 다를까?

산벚나무의 비밀 5 - 팽창

• 산벚나무의 팽창은 얼마나 될까?
• 산벚나무와 다른 나무의 팽창은 어떻게 다를까?

산벚나무의 비밀 6 - 가공 및 인쇄

• 산벚나무는 어떻게 가공하였을까?
• 산벚나무와 다른 나무 목판 인쇄는 어떻게 다를까?

주제 1.
산벚나무의 비밀 ① - 구조

산벚나무에 대해 알아보기 위해 학생은 포털사이트를 검색했다. 포털사이트에는 산벚나무에 대한 개요, 분포지, 서식지, 형태 등만 나와 있어 팔만대장경판을 만들 때 산벚나무를 사용한 이유는 알 수 없었다.

◆ 산벚나무의 구조는 어떻게 생겼을까?

직접 산벚나무를 구해 외부구조만 아니라 나무의 내부구조도 관찰했다. 눈으로 관찰하고, 손으로 직접 만져 보며 산벚나무 조각을 관찰했다. 학생은 직관적 관찰을 끝낸 후 현미경을 이용하여 자세하게 관찰하고자 했다.

학교에서 사용하는 광학현미경으로 관찰하기 위해 프레파라트를 만들고자 했으나 쉽지가 않았다. 광학현미경에서 쓸 수 있는 두께로 산벚나무 자르기가 쉽지 않아 광학현미경으로 관찰하기를 포기하였다. 산벚나무의 구조를 알아보기 위해 현미경 관찰은 필수였다. 주변 선생님들의 조언으로 디지털 현미경을 사용하기로 하였다. 스마트폰 화면이나 모니터 화면을 통해 관찰할 수 있어 편리하고, 관찰하고자 하는 대상에 직접 접촉하면 되었기 때문에 프레파라트를 만들지 않아도 되어 쉽게 사용할 수 있었다.

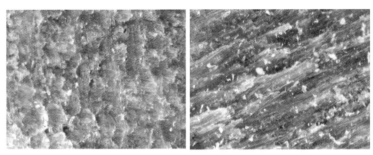

[횡단면(400배)]   [종단면(400배)]

산벗나무의 횡단면을 400배까지 확대해 살펴본 결과 나이테와 나이테 사이에 작은 동그라미 모양의 관이 여러 개 붙어 있었다. 그리고 종단면을 400배까지 확대해 보니 약 100㎛ 정도의 너비를 가진 길쭉한 관이 있었다.

산벗나무 나이테 사이의 관 크기가 매우 작다는 것을 알 수 있었다.

♦ 산벚나무와 다른 나무의 구조는 어떻게 다를까?

산벚나무의 구조를 현미경을 이용해 관찰했다. 산벚나무만 관찰해서는 의문을 해소할 수 없었다. 그래서 우리 주변에서 산벚나무처럼 쉽게 볼 수 있는 나무를 선정해 관찰하고 탐구해 보기로 했다.

결이 곱고 단단하여 목활자나 홍두깨 등을 만드는 데 사용한 박달나무, 열매를 약재로 많이 쓴다는 돌배나무, 가구나 악기를 만들 때 많이 사용하는 오동나무, 우리 주변의 가까운 산이나 공원 등에서 많이 볼 수 있고 목재로 쓰이는 소나무, 고궁이나 사찰, 양반 가옥, 가구나 악기를 만드는 데 많이 사용하는 느티나무, 우리나라 어디서든지 볼 수 있는 버드나무를 산벚나무와 비교해볼 나무로 정하고 나무들의 구조를 관찰했다.

박달나무 횡단면은 나이테 사이의 관이 넓은 간격을 두고 있었으며, 종단면에서는 관이 드러나는 부분보다는 드러나지 않는 부분이 더 많은 면적을 차지하고 있었다. 돌배나무 횡단면은 나이테 사이에 아주 작은 구멍의 관이 촘촘히 분포하고 있었으며, 종단면에서는 가는 관을 많이 관찰할 수 있었다. 오동나무는 현미경을 사용하지 않고 육안으로도 횡단면과 종단면에서 관의 확인이 가능하였다. 소나무 횡단면에서는 나이테 사이에 작은 관들이 줄을 맞춘 것처럼 규칙적으로 촘촘하게 배열되어 있었으며, 종단면에서 관이 관찰된 면적이 약 70% 정도라면 관찰되지 않은 면적은 약 30% 정도로 많은 관이 관찰되었다. 느티나무 횡단면에서는 크기가 큰 관과 작은 관들이 나이테를 중심으로 분포되어 특이한 무늬를 만들고 있었다. 종단면에서는 작은 관들이 모여 큰 관을 이루고 있는 모습을 관찰할 수 있었다. 버드나무 횡단면은 크고 작은 크기의 관들이 불규칙하게 분포되어 있었으며, 종단면에 보이는 관 역시 상대적으로 크기가 매우 컸으며 불규칙적으로 분포하는 것을 관찰할 수 있었다.

선정한 나무들을 관찰한 후에 산벚나무와 다른 나무들의 구조를 횡단면과 종단면으로 구분해 비교해 보았다.

횡단면에서 산벚나무, 박달나무, 돌배나무는 관의 크기가 작고 규칙적으로 배열되어 있었다. 느티나무는 관의 크기가 다른 나무에 비해 상대적으로 크고 배열이 불규칙적이었다. 오동나무는 관의 크기가 매우 큰 것이 불규칙하게 배열되어 있었으며, 크기가 아주 작은 관들이 줄을 이루는 것처럼 배열되어 있었다. 소나무는 크기가 큰 관은 없었지만 크기가 작고 매우 조밀하게 배열되어 있어 선을 이루고 있는 것처럼 보였다.

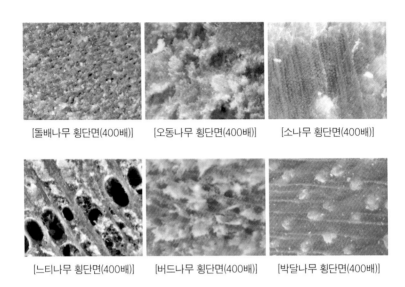

[돌배나무 횡단면(400배)]　[오동나무 횡단면(400배)]　[소나무 횡단면(400배)]

[느티나무 횡단면(400배)]　[버드나무 횡단면(400배)]　[박달나무 횡단면(400배)]

종단면은 산벚나무, 돌배나무, 박달나무는 관들의 공간이 좁고 관
들 사이의 간격이 넓었다. 오동나무, 느티나무, 버드나무는 관이
만든 공간이 상대적으로 다른 나무들에 비해 컸다. 소나무는 관
이 만들어낸 공간과 그렇지 않은 공간이 반복되어 있었다.

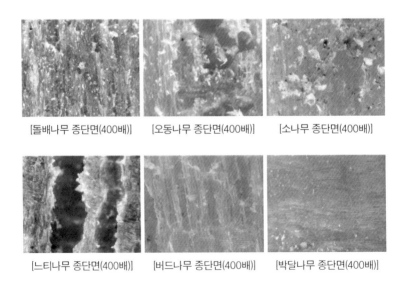

[돌배나무 종단면(400배)]　[오동나무 종단면(400배)]　[소나무 종단면(400배)]

[느티나무 종단면(400배)]　[버드나무 종단면(400배)]　[박달나무 종단면(400배)]

나무의 구조를 관찰한 결과 산벚나무, 돌배나무, 박달나무가 비슷한 구조였고, 오동나무, 느티나무, 버드나무가 비슷한 구조였다. 관찰한 나무 중 소나무만 다른 구조를 보였다.

주제 2.
산벚나무의 비밀 ② - 강도

가장 기본적인 나무의 구조들을 알아보았다. 하지만 나무의 구조를 살펴보는 것만으로는 해인사 팔만대장경판을 산벚나무로 만든 이유를 파악하기 힘들다. 왜 산벚나무였는지 알아보기 위해 목판본의 목적을 생각했다. 목판본은 목판에 글자를 새겨 장식하기보다는 많은 책을 만들어내기 위해 만든 것이다. 즉, 목판은 인쇄를 위한 것이다. 한 번 찍어내는 것이 아니라 여러 번 찍어내기 위해서 목판은 단단해야 했을 것이다. 그렇다고 너무 단단하면 글자를 조각하기 어려웠을 것이다.

♦ 산벚나무는 얼마나 단단해요?

나무의 단단하기를 알아보기 위해 우리는 힘센서를 이용하기로 했다. 산벚나무 조각 위에서 힘센서를 눌러 나무의 강도를 수치화하는 실험을 했다.

[산벚나무 강도 실험 자국]

여러 번 실험을 해 본 결과 산벚나무의 강도는 평균 109N이었다. 산벚나무에 자국을 남기려면 최소한 10kg 이상의 무게를 가해야 한다는 것을 알게 되었다.

하지만 이 실험만으로는 산벚나무의 강도가 높은지 낮은지 알수가 없었다.

♦ 산벚나무와 다른 나무의 강도는 어떻게 다를까?

산벚나무의 강도가 평균 109N이라는 것을 실험을 통해 알게 되었다. 하지만 산벚나무만의 강도를 가지고는 산벚나무가 단단한지 단단하지 않은지 알 수가 없었다.

추가 실험을 통해 다른 나무의 강도도 알아보기로 하였다. 구조를 관찰해 보는 실험에서 사용한, 우리 주변에서 쉽게 볼 수 있는 6종류의 나무인 돌배나무, 박달나무, 오동나무, 소나무, 느티나무, 버드나무를 가지고 다시 실험했다.

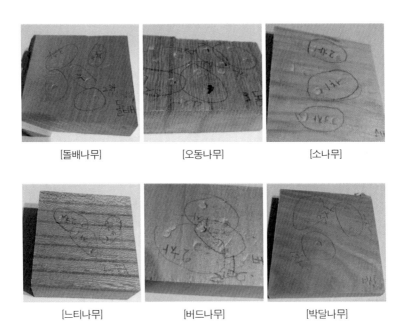

[돌배나무]　　　　　　[오동나무]　　　　　　[소나무]

[느티나무]　　　　　　[버드나무]　　　　　　[박달나무]

각각의 나무는 실험을 여러 번 하였고, 실험 결과를 평균을 내 비교했다.

돌배나무의 강도는 약 87N, 오동나무 약 74N, 소나무 약 111N, 느티나무 약 105N, 버드나무 약 102N, 박달나무 약 102N이었다.

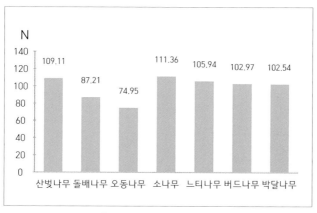

[나무 종류에 따른 평균 강도]

이 실험을 통해 나무들의 평균 강도가 약 100N에 가까운 것을 알게 되었다. 또한 상대적으로 산벚나무의 강도가 평균 109N으로 다른 나무들에 비해 단단하다는 것을 알게 되었다. 그리고 박달나무의 평균 강도보다 느티나무의 평균 강도가 더 컸지만 나무에 난 자국은 박달나무가 느티나무보다 더 얕았다.

산벚나무의 강도가 높은 것을 확인하고 여러 번 인쇄할 수 있는 목판본으로의 사용이 가능하다는 것을 알게 되었다. 또 따로 조사해 보니 요즘은 배나무, 너도밤나무, 벚나무, 단풍나무를 목판화에 많이 이용한다는 것을 알게 되었다.

주제 3.
산벚나무의 비밀 ③ - 방충

산벚나무를 비롯한 여러 나무의 강도를 알아보았다. 어느 정도 단단한 나무이기에 목판으로 사용하기 적당했을 것이라 예상했다. 하지만 산벚나무와 강도가 비슷한 여러 나무가 있었기 때문에 산벚나무를 사용한 이유가 강도뿐이라고 생각하기에는 조금 부족했다.

팔만대장경판은 나무를 주재료로 하여 만들었다는 것에 초점을 맞추게 되었다. 원형을 유지하며 오랜 시간 보관을 하기 위해서는 방충에 대한 능력이 필요하다고 생각했다.

♦ 산벚나무의 방충력은 어느 정도일까?

산벚나무가 얼마나 벌레에 강한지 알아보는 실험을 해 보자는 의견을 학생이 제의했고, 주도적으로 자신의 의견이 반영된 실험에 참어하였다.

학생이 제시한 의견에 따라 산벚나무의 방충력을 알아보는 실험을 진행했다. 실험을 위해 아무런 처리도 하지 않은 산벚나무, 그리고 조사한 참고문헌에 나와 있는 것처럼 바닷물 농도와 비슷하게 만든 3%의 소금물에 담갔다가 건조한 나무, 3% 소금물에 삶아 말린 나무를 준비했다.

벌레는 한살이를 쉽게 확인할 수 있는 밀웜으로 정했다. 밀웜은 채소를 먹는 벌레이지만 예비 실험에서 채소를 먹은 벌레처럼 분변이 생긴 것으로 보아 나무도 먹는 것을 확인했기 때문이다.

각각 다르게 처리한 산벚나무에 밀웜 10마리를 넣고 관찰했다. 밀웜 유충은 애벌레에서 번데기로, 그리고 성충인 갈색거저리로 성장하였다. 각각의 나무들을 넣은 실험에서 모두 분변이 발생하였다. 분변을 통해 밀웜들이 산벚나무를 먹었다는 것을 알 수 있었다.

[무처리 산벚나무의 밀웜]　[3%의 소금물에 삶은 산벚나무의 밀웜]　[3%의 소금물에 담갔던 산벚나무의 밀웜]

하지만 각각의 실험에서 애벌레에서 번데기로 성장한 밀웜의 수는 달랐다. 아무런 처리를 하지 않은 산벚나무에서는 10마리의 밀웜 중 8마리가 번데기로 성장하였다. 3%의 소금물에 담갔던 산벚나무에서는 밀웜 10마리 중 4마리가 번데기로 성장했다. 마지막으로 3%의 소금물에 삶은 산벚나무에서는 10마리의 밀웜 중 번데기로 성장한 밀웜은 한 마리도 없었다.

아무런 처리를 하지 않은 산벚나무의 방충 효과는 낮았지만 3%의 소금물에 삶아 말려 처리한 산벚나무의 방충 효과는 매우 높았다.

3%의 소금물에 삶아 말린 산벚나무가 다른 방법으로 가공한 것보다 방충 효과가 높은 것을 확인했다. 산벚나무의 방충 효과를 확인한 후 다시 학생은 질문을 했다.

♦ 산벚나무와 다른 나무의 방충은 어떻게 다를까?

돌배나무, 오동나무, 소나무, 느티나무, 버드나무, 박달나무를 작은 조각으로 잘라 산벚나무처럼 가공을 했다. 직접 3% 농도의 소금물을 만든 후 돌배나무 외 5종의 나무들을 소금물에 담갔다 말렸다. 또 3% 농도의 소금물에 나무 조각을 넣고 삶은 후 말려 실험 준비를 했다.

실험 준비가 다 끝난 후 투명 플라스틱 통에 무처리한 돌배나무, 오동나무, 소나무, 느티나무, 버드나무 조각을 넣고 밀웜 10마리를 넣은 후 밀웜들이 숨을 쉴 수 있도록 작은 구멍을 만들었다. 3% 농도의 소금물에 10일 정도 담근 후 말린 여러 종류의 나무들에 밀웜 10마리를 넣었다. 3% 농도의 소금물에 삶은 후 말린 나무 조각들에도 역시 밀웜 10마리를 넣었다.

이렇게 실험 준비를 하고 약 20일 동안 학생이 직접 관찰했다. 매일매일 관찰하며 관찰 결과를 기록하였다.

아무런 처리를 하지 않은 나무 조각들에 넣은 밀웜들은 매우 잘 자라서 평균적으로 7마리 이상은 번데기로 성장하였다. 소나무나 버드나무에서는 성충으로 변태한 밀웜도 있었다. 3% 농도의 소금물에 담갔다 말린 나무 조각들이나 3% 농도의 소금물에 삶았다 말린 나무 조각들에 넣은 밀웜은 평균적으로 3마리 정도가 번데기로 성장하였다.

---

8)   탈피의 흔적이 4개 있음

		밀웜				밀웜 분
		밀웜 수	밀웜 번데 기 수	밀웜 성충 수	죽은 밀웜 수	변의 양*
산벚나무	무처리	2	8	0	0	+++
	3%의 소금물에 삶음	10	0	0	0	+++
	3%의 소금물에 담금	6	4	0	0	+++
돌배나무	무처리	0	10	0	0	+
	3%의 소금물에 삶음	10	0	0	0	+++
	3%의 소금물에 담금	10	0	0	0	+++
오동나무	무처리	4	6	0	0	+++
	3%의 소금물에 삶음	5	5	0	0	++
	3%의 소금물에 담금	8	2	0	0	+++
소나무	무처리	3	5	2	0	+
	3%의 소금물에 삶음	7	3	0	0	+++
	3%의 소금물에 담금	9	1	0	0	++
느티나무	무처리	1	9	0	0	+
	3%의 소금물에 삶음	2	8	0	0	+
	3%의 소금물에 담금	10[8]	0	0	0	+
버드나무	무처리	2	5	1	2	+
	3%의 소금물에 삶음	10	0	0	0	+++
	3%의 소금물에 담금	8	2	0	0	+++
박달나무	무처리	3	5	2	0	+++
	3%의 소금물에 삶음	6	3	0	1	++
	3%의 소금물에 담금	3	5	2	0	+++

* 밀웜 분변의 양 : 양이 가장 적을 때 +, 양이 가장 많을 때 +++로 표시

[무처리 소나무의 밀웜]   [3%의 소금물에 삶은   [3%의 소금물에 담갔던
                           소나무의 밀웜]   소나무의 밀웜]

이 실험을 통해 우리 조상들이 나무를 바닷물에 담가 사용하거나 소금물에 삶아 사용한 이유가 나무의 뒤틀림을 막기 위해서만이 아니라 방충력을 높이기 위해서라는 것도 알게 되었다.

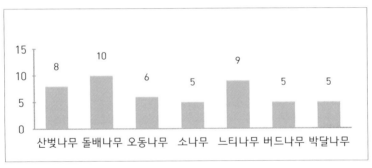

[무처리 나무에서 번데기로 변한 밀웜 수]

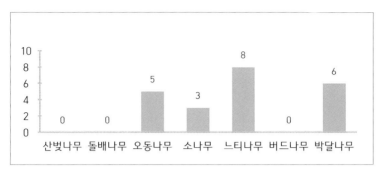

[3%의 소금물에 삶은 나무에서 번데기로 변한 밀웜 수]

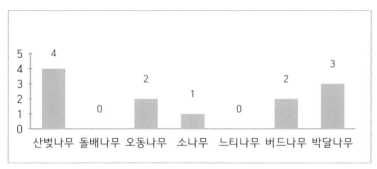

[3%의 소금물에 담근 나무에서 번데기로 변한 밀웜 수]

주제 4.
산벚나무의 비밀 ④ - 항균

산벚나무가 다른 6종의 나무들보다 방충력이 상대적으로 좋다는 것을 실험을 통해 알게 되었다. 또 무처리한 나무보다는 3% 소금물에 삶은 후 말리는 과정을 거친 산벚나무가 방충력이 좋다는 것을 알게 되었다.

♦ 산벚나무의 항균은 어느 정도일까?

나무를 오래 보관하는 데 벌레뿐만 아니라 곰팡이도 영향을 미치지 않을까 학생이 의견을 제시했다.

실험 조건은 나무의 방충력을 알아보는 실험과 동일하게 하기로 하고 준비했다. 이미 경험을 했기 때문인지 학생 스스로 실험 준비를 했다.

곰팡이가 잘 자랄 수 있도록 실험통의 습도를 높였고, 배양한 곰팡이를 준비된 산벚나무 조각에 옮겼다. 배양한 곰팡이균을 각각의 나무 조각으로 옮긴 후 10일간 관찰하며 곰팡이의 크기를 관찰했다.

관찰해 보니 아무런 처리도 하지 않은 산벚나무 조각에서는 곰팡이가 나무 조각 겉 표면의 대부분을 덮고 있었다. 3% 농도의 소금물에 담갔던 산벚나무 조각에서도 무처리한 산벚나무 조각보다는 적지만 많은 부분에서 곰팡이를 관찰할 수 있었다. 3% 농도의 소금물에 삶은 산벚나무 조각에서는 배양한 곰팡이를 옮겨 놓은 부분 주변에서만 곰팡이가 자랐다.

[무처리 산벚나무의 곰팡이]   [3%의 소금물에 삶은   [3%의 소금물에 담갔던
                        산벚나무의 곰팡이]   산벚나무의 곰팡이]

이 실험을 통해 나무의 항균력을 높이기 위해서는 3% 농도의 소금물에 삶는 방법으로 가공하는 것이 가장 좋은 방법이라는 것을 알게 되었다.

♦ 산벚나무와 다른 나무의 항균력은 어떻게 다를까?

산벚나무를 소금물에 삶아 말려 가공하는 방법이 항균력을 높인다는 것을 알게 되었다. 산벚나무와 다른 나무의 항균력을 비교해 보기 위해 실험을 설계하였다.

동일한 조건에서 실험하기 위해 산벚나무 외 6종의 나무들 실험을 동시에 진행했다. 통제된 실험실에서 실험을 하는 것이 아니기 때문에 최대한 같은 조건을 만들기 위해 7종의 나무에 동시에 실험을 진행했다.

돌배나무, 오동나무, 소나무, 느티나무, 버드나무, 박달나무 조각을 준비한 후 아무런 처리도 하지 않고 밀폐 용기에 넣은 후 4㎖의 물을 뿌려준 후 배양한 곰팡이를 넣어주었다. 3%의 소금물에 10일 담근 후 말린 나무 조각들에도 4㎖의 물을 뿌려준 후 배양한 곰팡이를 넣고 밀폐했다. 3%의 소금물에 삶은 후 말린 나무 조각들에도 4㎖의 물을 뿌려준 후 배양한 곰팡이를 넣고 밀폐했다. 실험 준비를 끝낸 후 10일간 산벚나무와 동시에 실험을 하고 관찰했다.

산벚나무 조각에서는 3가지 실험 조건에서 모두 곰팡이가 발생했고, 돌배나무 조각과 오동나무 조각에서는 3% 농도의 소금물로 삶은 조각에서는 곰팡이의 흔적이 희미했다. 박달나무 조각에서는 아무런 처리도 하지 않은 조각과 3%의 소금물에 삶은 후 말린 나무 조각에서 곰팡이의 흔적이 희미했다. 소나무, 느티나무, 버드나무 조각은 모두 3가지 실험 조건에서 곰팡이가 발생했다.

하지만 재미있게도 소나무는 아무런 처리도 하지 않은 조각에서
곰팡이의 양이 가장 적었다.

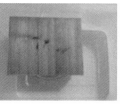

[무처리 버드나무의 곰팡이] [3%의 소금물에 삶은 [3%의 소금물에 담갔던
버드나무의 곰팡이] 버드나무의 곰팡이]

이 실험을 통해 3% 농도의 소금물에 삶은 후 말리는 것이 나무
의 항균력을 높이는 방법이라는 것을 알게 되었다.

		곰팡이 유무 (○, ×)	곰팡이 양*
산벚나무	무처리	○	+++
	3%의 소금물에 삶음	○	+
	3%의 소금물에 담금	○	++
돌배나무	무처리	○	++
	3%의 소금물에 삶음	×	
	3%의 소금물에 담금	○	++
오동나무	무처리	○	+
	3%의 소금물에 삶음	×	
	3%의 소금물에 담금	○	+
소나무	무처리	○	+
	3%의 소금물에 삶음	○	++
	3%의 소금물에 담금	○	++
느티나무	무처리	○	++
	3%의 소금물에 삶음	○	+++
	3%의 소금물에 담금	○	+
버드나무	무처리	○	++
	3%의 소금물에 삶음	○	+
	3%의 소금물에 담금	○	++
박달나무	무처리	×	
	3%의 소금물에 삶음	×	
	3%의 소금물에 담금	○	+

* 곰팡이 양 : 양이 가작 적을 때 +, 양이 가장 많을 때 +++로 표시

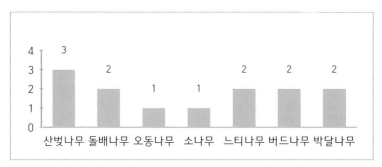

[무처리 나무의 곰팡이 양]

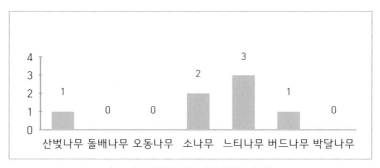

[3%의 소금물에 삶은 나무의 곰팡이 양]

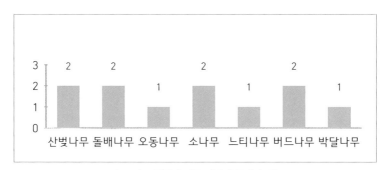

[3%의 소금물에 담근 나무의 곰팡이 양]

주제 5.
산벚나무의 비밀 ⑤ - 팽창

나무는 습기를 머금으면 팽창하고, 건조하면 수축하는 특성을 가지고 있다. 이런 특성을 가진 나무를 가공하여 팔만대장경판을 만들었기 때문에 습도가 높은 계절에 부피가 팽창하지 않을까?

♦ 산벚나무의 팽창은 어느 정도일까?

습도 조절이 잘 되는 장경판전에 보관하지만 나무로 만든 팔만대장경판이 습도에 영향을 받을 수 있다고 가정하고 산벚나무의 팽창 변화를 알아보는 실험을 했다.

산벚나무 여러 조각의 두께를 재는 도구로 마이크로메타를 사용하였다. 마이크로메타의 두께를 모두 잰 후 압력밥솥에 물 500㎖를 넣은 후 산벚나무 조각 여러 개를 넣고 가열한 후 다시 두께를 쟀다.

[산벚나무 팽창도 실험]

평균적으로 산벚나무의 두께가 0.33㎜ 두꺼워졌다. 이 실험을 통해 산벚나무의 팽창 정도가 약 0.33㎜임을 알게 되었다.

◆ 산벚나무와 다른 나무의 팽창은 어떻게 다를까?

산벚나무 팽창 실험과 같은 방법으로 돌배나무 외 5종의 나무의 팽창 실험을 했다. 각각의 나무들의 팽창 정도를 비교하기 힘들어서 팽창 평균값을 구했다. 평균 팽창 정도는 소나무 0.29㎜, 버드나무 0.40㎜, 돌배나무 0.54㎜, 박달나무 0.57㎜, 오동나무 0.64㎜, 느티나무 1.26㎜였다.

산벚나무의 평균 팽창 정도가 0.33㎜로 실험한 나무들에서 두 번째로 팽창 정도가 적었다.

	실험 전 두께	고온고압으로 삶은 후 두께	두께 변화
산벚나무	13.28	13.62	0.33
돌배나무	17.22	12.03	0.38
오동나무	11.79	12.43	0.64
소나무	11.10	11.39	0.29
느티나무	22.31	23.57	1.26
버드나무	11.74	11.91	0.40
박달나무	9.06	10.29	0.57

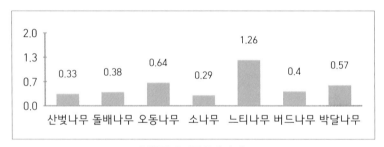

[나무들의 평균 두께 변화]

주제 6.
산벚나무의 비밀 ⑥ - 가공 및 인쇄

우리 주변에서 무엇을 만들 때 가장 흔하게 접하는 재료가 바로 나무이다. 우리 조상들은 자신이 사는 집, 가구, 그릇 등을 나무를 이용해 만들어 사용했다. 나무를 가지고 자신이 원하는 물건을 만들기 위해 가공 과정을 거쳤다. 그럼 해인사 팔만대장경판을 만들기 위해 나무를 어떻게 가공하였을까?

♦ 산벚나무는 어떻게 가공하였을까?

우리는 벌목한 나무를 그대로 이용하지 않고 가공을 해 사용한다. 가공 과정을 거쳐야 나무 특유의 뒤틀림이나 갈라지는 현상을 예방할 수 있으며, 방충이나 항균력을 높일 수 있다.

우리 조상들은 산에서 나무를 벌채하고 그 자리에 1~2년 정도를 그대로 두었다가 판자켜기를 해서 옮긴 후 가공을 했다. 이렇게 1~2년 정도 두면 나무의 생장응력을 제거해서 건조할 때 갈라짐과 비틀어짐 결함을 줄일 수 있다. 그리고 나무 속 심재와 변재 사이의 심한 수분 차이도 상당히 없어지고, 나뭇진도 빠져 사용하기 좋은 상태가 된다.

『임원경제지』에서는 나무를 켜서 판자를 만든 다음 소금물에 삶아내어 말리면 판이 뒤틀리지 않고 또 조각하기도 쉽고, 또 경판재를 제작하는 과정에 먼저 소금물에 삶은 후 자연 건조하면 건조 중에 생기는 여러 가지 결함을 예방할 수 있다고 이야기하고 있다. 판자를 삶으면 나무의 진이 빠지고, 판자 내의 수분 분포를 균일하게 하여 나뭇결을 부드럽게 만들어 글자를 새기기 쉽게 해 주는 역할도 한다. 또한 판자에 숨어 있던 벌레 알들이 애벌레가 되는 것을 예방하는 효과도 있다.

판자를 소금물에 담가 두었다가 건조하면 수분을 흡수하는 성질을 가진 소금기가 표면에 발라진 상태가 되어 천천히 건조되어 건조시간은 길어지나 결함이 없는 경판재를 얻을 수 있다고 했다.

팔만대장경판을 만들기 위해 통나무를 3년 동안 바닷물에 담가 놓았다고 한다. 나무로 판을 만들 때 뒤틀림이 없었다고 한다. 3년 동안 바닷물에 담가 놓았던 나무를 꺼내 판을 만들 수 있는 크기로 자른 후 가공하여 목판을 만들었다는 이야기도 있고, 3년 동안 바닷물에 담가 놓았던 나무를 꺼낸 후 다시 소금물에 쪄서 사용했다는 이야기도 있다.

조사한 내용과 실험한 내용을 종합해 보면 팔만대장경판을 만들기 위해 산벚나무를 소금물에 찐 후 건조시켜 만들었을 것이다.

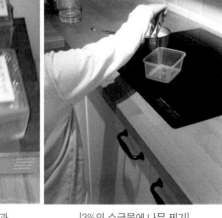

[쉐이커를 이용하여 소금물과
나무 섞기]

[3%의 소금물에 나무 찌기]

    학생이 조사한 가공 방법을 바탕으로 여러 종류의 나무를 가공
했다. 산벚나무, 돌배나무, 오동나무, 소나무, 느티나무, 버드나무,
박달나무 조각을 3%의 소금물에 찐 후 잘 건조하였다.

    우리 조상들이 나무를 가공했던 방법으로 가공한 후 직접 나뭇
조각에 글자를 조각해 종이에 직접 인쇄해보자고 했다. 직접 인
쇄를 해 보면 왜 산벚나무로 팔만대장경판을 만들었는지 알 수 있
을 것만 같았다.

♦ 산벚나무와 다른 나무 목판 인쇄는 어떻게 다를까?

직접 가공한 산벚나무, 돌배나무, 오동나무, 소나무, 느티나무, 버드나무, 박달나무 조각에 '가'자를 직접 조각한 후 화선지에 인쇄를 해 보았다.

[산벚나무 조각]　[종이에 찍은 글자]　[돌배나무 조각]　[종이에 찍은 글자]

[오동나무 조각]　[종이에 찍은 글자]　[소나무 조각]　[종이에 찍은 글자]

[느티나무 조각]　[종이에 찍은 글자]　[버드나무 조각]　[종이에 찍은 글자]

[박달나무 조각]　　[종이에 찍은 글자]

　산벚나무와 돌배나무 조각에 글자를 조각할 때 힘이 적게 들었
으며, 조각한 글자를 종이에 인쇄했을 때 먹물이 고르게 분포하고
글자 모양도 예뻤다. 버드나무, 느티나무, 소나무 조각에 조각할
때는 세로 방향으로 조각하는 것은 쉬웠으나 가로 방향으로 글자
를 새기는 것은 어려웠다. 그리고 종이에 인쇄할 때 글자 모양이
망가지고, 먹물도 고르게 스며들지 않았다. 오동나무는 글자를 조
각하는 것이 매우 어려웠다. 조각하는 과정에서 힘을 조금만 주
어도 글자 모양이 망가졌기 때문이다. 역시 종이에 인쇄할 때 글
자 모양이 예쁘지 않았고, 먹물 역시 고르게 찍히지 않았다. 박달
나무의 경우 조각을 할 때 나무가 단단해 글자를 조각하는 것이
매우 힘들었으며, 글자의 모양도 예쁘지 않았고, 먹물이 번지는
느낌이 들었다.

　여러 종류의 나무에 직접 조각하고 인쇄를 해 보니 산벚나무나
돌배나무가 조각이 쉽고 글자도 깨끗하고 선명하게 찍힌다는 것
을 알게 되었다.

♦ 왜 산벚나무로 팔만대장경판을 만들었을까?

탐구 프로젝트 과정에서 '산벚나무가 팔만대장경판을 만들기에 가장 좋은 나무다'라는 확신은 찾지 못했다.

하지만 초등학교 3학년 학생 수준에서 질문에 대한 답을 찾기 위해 우리는 각 주제의 답을 찾기 위해 실험한 결과들을 점수화했다. 실험한 각 항목에 최고점 7점, 최하점 1점으로 1점씩 차이를 두고 결과에 따라 점수를 부여하였다.

점수를 부여한 결과 산벚나무의 점수가 가장 높은 것을 확인할 수 있었다. 산벚나무가 모든 실험 결과에서 최고점을 받지는 못했지만 탐구 프로젝트 6개의 주제를 통해 팔만대장경판을 만들기에 가장 좋은 나무라는 것을 알게 되었다.

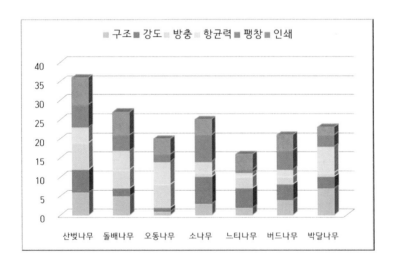

식물과 관련된 교육과정 및 성취기준[9]

식물 관련 단원에서는 식물의 뿌리, 줄기, 잎, 꽃과 같은 기관이 각각의 기능을 수행하면서 통합적으로 기능하여 생명을 유지하고 있음을 이해함으로써 생명 탐구에 대한 호기심과 흥미를 가질 수 있다.

식물의 각 기관에 대한 많은 탐구 활동이 가능할 것이다. 또한 앞의 내용처럼 나무의 구조 등 여러 실험을 하고 직접 나뭇조각에 조각 활동을 하는 것을 통해 미술교과와 연계한 융합교육도 가능할 것이다.

세포 관찰하기, 증산 작용과 줄기를 통한 물의 이동 실험하기, 광합성 산물 확인하는 실험하기, 광합성이 일어나는 장소와 산물 탐구하기, 광합성에 영향을 미치는 환경 요인 탐구하기, 공변세포 관찰하기 등의 탐구 활동이 가능하다.

---

9)   교육부, 2015개정 과학과 교육과정(제2015-74호)

	핵심 개념	일반화된 지식	내용 요소	성취기준
초 5 ~ 6	식물의 구조와 기능	식물은 뿌리, 줄기, 잎으로 구성되어 있다.	•뿌리, 줄기 잎의 기능	[6과12-01] 생물체를 이루고 있는 기본 단위인 세포를 현미경으로 관찰할 수 있다. [6과12-02] 식물의 전체적인 구조 관찰과 실험을 통해 뿌리, 줄기, 잎, 꽃의 구조와 기능을 설명할 수 있다. [6과12-03] 여러 가지 식물의 씨가 퍼지는 방법을 조사하고, 씨가 퍼지는 방법이 다양함을 설명할 수 있다.
		뿌리에서 흡수된 물은 줄기를 통해 잎으로 이동한다.	•증산 작용	[6과12-01] 생물체를 이루고 있는 기본 단위인 세포를 현미경으로 관찰할 수 있다. [6과12-02] 식물의 전체적인 구조 관찰과 실험을 통해 뿌리, 줄기, 잎, 꽃의 구조와 기능을 설명할 수 있다. [6과12-03] 여러 가지 식물의 씨가 퍼지는 방법을 조사하고, 씨가 퍼지는 방법이 다양함을 설명할 수 있다.
중 1 ~ 3 중 1 ~ 3	식물의 구조와 기능 식물의 구조와 기능	뿌리에서 흡수된 물은 줄기를 통해 잎으로 이동한다.	•물의 이동과 증산 작용	[9과11-01] 식물이 생명 활동에 필요한 에너지를 얻기 위해 양분을 만드는 광합성 과정을 이해하고, 광합성에 영향을 미치는 요인을 설명할 수 있다. [9과11-02] 광합성에 필요한 물의 이동과 증산 작용의 관계를 이해하고, 잎의 증산 작용을 광합성과 관련지어 설명할 수 있다. [9과11-03] 식물의 호흡을 이해하고, 광합성과의 관계를 설명할 수 있다. [9과11-04] 광합성 산물의 생성, 저장, 사용 과정을 모형으로 표현할 수 있다.
		잎에서 만들어진 양분은 줄기를 통해 식물체의 각 부분으로 이동하고 저장된다.	•광합성 산물의 생성, 저장, 사용 과정	[9과11-01] 식물이 생명 활동에 필요한 에너지를 얻기 위해 양분을 만드는 광합성 과정을 이해하고, 광합성에 영향을 미치는 요인을 설명할 수 있다. [9과11-02] 광합성에 필요한 물의 이동과 증산 작용의 관계를 이해하고, 잎의 증산 작용을 광합성과 관련지어 설명할 수 있다. [9과11-03] 식물의 호흡을 이해하고, 광합성과의 관계를 설명할 수 있다. [9과11-04] 광합성 산물의 생성, 저장, 사용 과정을 모형으로 표현할 수 있다.

「팔만대장경판 탐구 프로젝트」 질문 유형

질문 유형		질문의 유형별 특징
기초 정보 질문	사실적 질문	□ 팔만대장경판은 무슨 나무로 만들었을까? □ 그런데 산벚나무가 어떤 나무일까?
	절차적 질문	□ 산벚나무의 구조는 어떻게 생겼을까? □ 산벚나무는 얼마나 단단할까? □ 산벚나무의 방충력은 어느 정도일까? □ 산벚나무의 항균은 어느 정도일까? □ 산벚나무의 팽창은 어느 정도일까?
경이의 질문	이해 질문	□ 왜 산벚나무로 팔만대장경판을 만들었을까? □ 산벚나무는 어떻게 가공하였을까?
	예측 질문	□ 산벚나무와 다른 나무의 구조는 어떻게 다를까? □ 산벚나무와 다른 나무의 강도는 어떻게 다를까? □ 산벚나무와 다른 나무의 방충은 어떻게 다를까? □ 산벚나무와 다른 나무의 항균력은 어떻게 다를까? □ 산벚나무와 다른 나무의 팽창은 어떻게 다를까? □ 산벚나무와 다른 나무 목판 인쇄는 어떻게 다를까?
	계획 방 략 질문	□ 왜 산벚나무로 팔만대장경을 만들었을까?

과학탐구 프로젝트 수업 ⑤

장락동 칠층모전석탑 탐구

★ 〈제63회 전국과학전람회 화학 부문 우수상〉 ★

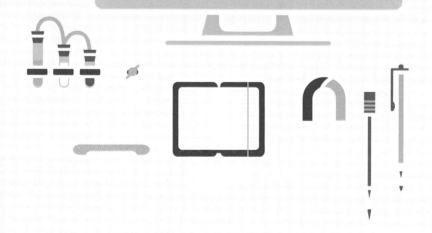

장락동 칠층모전석탑에 대한 탐구 시작

평소 친분이 있던 한 학생이 질문을 던졌다. 질문을 한 학생은 우리나라 전통에 관심이 많아 가야금도 배우고 있었고, 5학년이 되어 역사를 배울 수 있다는 사실에 큰 기대를 하고 있었다.

가족과 함께 나들이를 간 곳에서 본 보물 459호인 장락동 칠층모전석탑이 통일신라시대에 만들어졌고, 가공하기는 쉽지만 풍화작용에 약한 점판암을 벽돌 모양으로 가공해 만들었다고 이야기했다.

♦ 모전석탑이 뭐예요?

불교에서 탑은 크게 석탑, 전탑, 목탑으로 나눈다. 우리나라에서는 주로 석탑을 많이 만든다. 탑의 재료는 우리나라에서 쉽게 구할 수 있는 화강암이 주재료이다. 대리암으로 만든 석탑도 있으나 그 개수가 많지 않다. 목탑은 나무를 주재료로 만든 탑으로 대표적인 것이 몽고군의 침입으로 불탄 황룡사9층탑이다. 전탑은 흙으로 벽돌 모양을 만들고 구워낸 후 탑을 쌓는 방식으로, 중국에서 탑을 만드는 방법으로 우리나라에서는 쉽게 볼 수 있는 양식이 아니다. 경북 안동 신세동 칠층전탑(국보 16호)이 가장 오래된 것이고, 안동 동부동 오층전탑(보물 56호), 안동 조탑동 오층전탑(보물 57호), 경북 칠곡 송림사 오층전탑(보물 189호), 경기도 여주 신륵사 다층 전탑(보물 226호)이 남아 있다.

모전석탑은 벽돌을 진흙으로 만들지 않고 돌을 벽돌 모양으로 가공해서 쌓은 탑으로 우리나라에만 있는 특별한 양식이다. 모전석탑은 통일신라시대를 거쳐 고려시대까지 전탑보다는 많이 건립되었고, 조선시대에는 전탑이 건립되었다는 기록은 없지만 기존에 있던 전탑들을 수리했다는 기록만 남아 있다. 봉감 모전오층석탑(국보 제187호), 군위 남산동 모전석탑, 제천 장락동 칠층모전석탑(보물 제459호), 월남사지 모전석탑(보물 제298호) 등이 있다.

♦ 풍화작용에 약한 점판암으로 만든 장락동 칠층모전석탑은 어떻게 천 년의 시간을 견뎠을까?

통일신라시대에 만들어진 장락동 칠층모전석탑은 풍화작용에 약한 점판암을 벽돌 모양으로 가공하여 만든 모전석탑이다. 이 모전석탑이 천 년이라는 시간을 견뎌낼 수 있게 해준 요소는 무엇일까?

'장락동 칠층모전석탑이 어떻게 천 년의 시간을 견뎠을까?'라는 질문에 대한 답을 찾기 위해 다양한 탐구 프로젝트를 완성시켜 나아갔다.

과학탐구 프로젝트 수업 흐름

장락 칠층모전석탑 알아보기

- 장락동 칠층모전석탑은 어떤 탑일까?

천 년 장락동 칠층모전석탑의 비밀 1 - 탑의 재료

- 장락동 칠층모전석탑에 쓰인 돌은 어디서 왔을까?
- 장락동 칠층모전석탑의 돌은 무엇으로 붙였을까?
- 장락동 칠층모전석탑의 흰색은 무엇일까?

천 년 장락동 칠층모전석탑의 비밀 2 - 회칠의 비밀

- 장락동 칠층모전석탑에 쓰인 소석회는 무엇일까?
- 장락동 칠층모전석탑에 쓰인 소석회의 역할은 무엇일까?

주제 1.
장락동 칠층모전석탑 알아보기

♦ 장락동 칠층모전석탑은 어떤 탑일까?

장락동 칠층모전석탑에 대해 여러 방법으로 학생이 조사해 보기로 했다. 먼저 쉬운 자료조사 방법인 인터넷 포털사이트에서 장락동 칠층모전석탑에 대해 조사하였다. 자료를 조사한 후에는 직접 장락동 칠층모전석탑을 찾아가 조사해 보았다.

[장락동 칠층모전석탑]

장락동 칠층모전석탑은 보물 제459호로 통일신라 말기에 제작되었다. 탑의 높이는 9.1m이고, 한국전쟁 때 심한 피해로 무너지기 직전에 있었는데, 1967년에 해체·복원되었다.

건립 연대는 탑의 형식이나 돌 가공 수법으로 보아 통일신라 말기로 추정된다. 기단은 단층 기단으로서 자연석으로 쌓았으며, 1층 몸돌 네 귀에 화강암으로 된 돌기둥을 세웠다. 2층 이상의 몸돌이나 지붕돌은 전부 점판암을 잘라서 쌓아 올렸으며, 특히 지붕들은 전탑에서 보이는 형식과 같이 상하에서 층단을 이루었다. 전체가 7층에 이르는 높은 탑인데 각 층의 줄임 비율이 적당하여 장중한 기풍을 보여주고 있다.

특이하게도 하얗게 색칠된 부분이 탑의 여러 부분에 있었다.

장락동 칠층모전석탑의 탑신은 깨끗한데 탑과 탑 주변을 나누기 위해 경계선을 만든 돌에는 여러 종류의 이끼류가 자라고 있었다.

주제 2.
천 년 장락동 칠층모전석탑의 비밀 ① - 탑의 재료

장락동 칠층모전석탑은 대부분은 회흑색의 점판암으로 만들어졌으며 하단부 기둥 부분은 화강암으로 되어 있다.

초등학생이었기 때문에 점판암이 어떤 암석인지 잘 몰라 함께 점판암에 대해 알아보는 시간을 가졌다. 조사 활동을 통해서 점판암이 세일이나 이암이 변성된 변성암이고, 편리가 잘 발달하여 편리를 따라 얇은 판 모양으로 쪼개지기 쉬운 성질을 갖고 있는 암석임을 학생이 알게 되었다. 또한 석질이 치밀하고 단단하여 습기를 흡수하는 일이 적고 얇은 판 모양이라 분리가 쉽고, 쪼개진 면에 요철이 적어 모전탑을 만들기 위한 재료로 적당해 장락동 칠층모전석탑의 재료가 되었을 것이라 예상하였다.

♦ 장락동 칠층모전석탑에 쓰인 돌은 어디서 왔을까?

우리 조상들은 자연에서 얻은 재료로 무엇을 만들 때 주변에서 쉽게 구할 수 있는 재료로 인공물을 만들어 왔다. 탑을 만들 때 역시 우리 주변에서 쉽게 구할 수 있는 재료인 화강암을 주로 사용했으며 점판암이나 안산암을 이용하기도 했다.

예를 들면 온달산성은 산성 주변이 석회암 지대이기 때문에 주변에서 쉽게 구할 수 있는 석회암을 가공하여 성벽을 쌓았고, 적성산성은 주변이 화강암과 석회암 지대이므로 화강암과 석회암을 이용해 성벽을 쌓았다.

온달산성이나 적성산성보다 규모가 작지만 장락동 칠층모전석탑 역시 주변에서 쉽게 구할 수 있는 재료를 이용하여 만들었을 것이라 예상하고 점판암을 어디서 구했을지 조사해 보기로 했다.

문헌조사 결과 '영양과 안동 일대의 모전석탑은 바로 옆에서 탑재를 구할 수 있었던 것으로 파악된다. 이처럼 영양과 안동 일대의 모전석탑들은 주변의 석재를 이용하여 탑을 세웠다. 이러한 경우는 제천 장락동 모전석탑에서도 나타난다. 일반적으로 전탑계 모전석탑은 주변에서 석재를 쉽게 구할 수 있는 곳에 조성되었다'[10]라는 문헌을 통해 장락동 칠층모전석탑 주변에서 구했음을 알 수 있었다.

직접 돌아다니며 찾아보기는 현실적으로 불가능하여 한국지질자원연구원 사이트를 활용하기로 했다.

한국지질자원연구원 사이트에서 조사한 결과 제천 지역 두학동과 용두산 근처의 지체구조운동은 퇴적암이 높은 열과 압력을 받아 성질이나 배열상태가 변한 변성 퇴적암임을 알게 되었다.

---

10)   안선우, 「경북 북부지역의 모전석탑연구」, 안동대학교 석사논문, 2008.

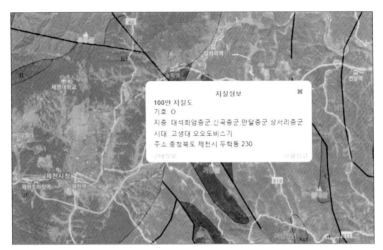

[제천시 두학동 근처의 지질도][11]

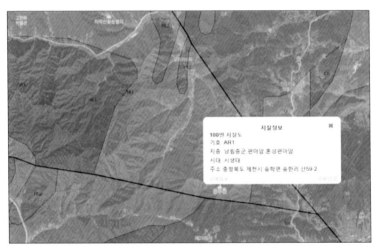

[제천시 용두산 근처의 지질도][12]

11)   한국지질자원연구원, https://mgeo.kigam.re.kr/map/geology.jsp

12)   한국지질자원연구원, https://mgeo.kigam.re.kr/map/geology.jsp

돌을 벽돌 모양으로 다듬어 탑을 쌓은 장락동 칠층모전석탑.우리가 알고 있는 석탑은 큰 돌을 가공한 후 쌓아서 완성했기 때문에, 쌓는 데 아무런 문제가 없었을 것이다. 하지만 작은 벽돌 모양의 돌을 층층이 쌓은 모전석탑은 어떤 방식으로 쌓았기에 천 년이라는 긴 시간을 그 자리에 있을 수 있었을까?

◆ 장락동 칠층모전석탑의 돌을 어떻게 붙였을까?

'점판암 벽돌끼리 어떻게 잘 붙어 있을 수 있었을까?'라는 질문을 해결하기 위해 직접 실험을 해 보기로 했다. 실험을 하기 전 우리 조상들이 돌담을 쌓는 방법에 대해 알아보았다. 돌담을 쌓을 때 가장 많이 사용하는 방법은 돌과 돌 사이에 진흙을 발라 접착제처럼 사용하는 방법이었다. 이 방법은 재료를 쉽게 구할 수 있어서 가장 많이 사용했다고 한다. 다른 방법은 돌과 돌 사이를 회를 이용하여 접착한다. 이 방법은 주로 사찰이나 왕실, 양반집 담을 만들 때 사용했다.

학생과 함께 진흙과 회를 이용하여 탑을 쌓아 보기로 했다. 하지만 점판암 벽돌을 이용하여 직접 탑을 쌓기에는 현실적으로 어려움이 있어 점판암을 대체할 수 있는 것을 찾아 실험해 보기로 했다. 부피와 무게도 적게 나가고 주변에서 쉽게 구할 수 있었기 때문에 점판암을 대체할 수 있는 것으로 타일을 선정하였다.

학생이 조사한 내용을 바탕으로 진흙과 회를 이용하여 타일 탑을 쌓았다. 타일 위에 진흙 반죽과 회반죽을 올리고 그 위에 다시 타일을 쌓는 방법으로 탑을 쌓았다.

진흙 반죽과 회반죽이 다 마른 타일 탑을 관찰했다. 진흙을 접착제로 사용한 타일 탑과 회를 접착제로 사용한 타일 탑 모두 튼튼하게 타일이 잘 붙어 있었다. 하지만 진흙을 사용한 탑은 진흙이 마르면서 갈라진 부분이 많았지만 회를 사용한 탑에서는 마르면서 갈라진 부분이 상대적으로 적었다.

 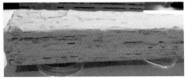

[진흙으로 접착한 타일 탑]   [회로 접착한 타일 탑]

이 실험을 통해 우리 조상들이 건물의 벽이나 담에 돌을 붙이거나 전탑에서 벽돌을 붙일 때 많이 사용하는 것이 진흙과 회라는 것을 다시 확인하게 되었다. 그래서 장락동 칠층모전석탑의 점판암과 점판암을 붙일 때도 진흙이나 회를 사용했을 것이라고 예상하였다.

♦ 장락동 칠층모전석탑의 흰색은 무엇일까?

학생과 다시 장락동 칠층모전석탑을 살펴보았다. 점판암 벽돌과 점판암 벽돌 사이에 약간은 누렇지만 흰색의 무엇인가가 채워져 있었고, 점판암 벽돌에도 흰색에 가까운 무엇인가가 칠해져 있었다. 이것을 보고 학생은 회를 접착제로 사용했을 것이라 예상했다. 흰색 물질을 긁어 성분 분석을 한다면 쉽게 해결되겠지만 보물로 지정된 문화재이기 때문에 그럴 수 없어 답답했다.

문헌 조사를 통해 장락동 칠층모전석탑의 흰색에 대해 알아보았다.

"점판암의 특징인 절리 현상으로 인해 가공이 수월하지만 풍화에 약하다. 이런 단점을 해결하기 위해 회칠을 하였다고 한다."[13]

"한편 주목되는 것은 탑신 전체를 석회로 발랐던 흔적이 곳곳에 남아 있는데, 이 같은 형태는 경주 분황사 모전석탑, 영양 현이동 오층모전석탑, 영양 삼지동 모전석탑에서도 발견되고 있다."[14]

여러 자료를 조사해 보니, 장락동 칠층모전석탑에 사용한 점판암은 물리적, 화학적, 생물학적 풍화에 매우 약하기 때문에 풍화

---

13) 김지석, 「고려시대 석탑연구」, 단국대학교 석사논문, 2006
    점판암의 단점으로는 돌의 단단함을 기준하는 경도가 떨어진다는 것이다. 또한 발달된 절리 현상은 석재를 잘 쪼개지게 하나 쉽게 마모되는 성질도 지니고 있다 .따라서 이들 석재들이 쉽게 가공할 수 있는 재료의 활용 측면에서 선택되었지만 잘 쪼개지는 것처럼 풍화에 약할 수밖에 없다는 한계성도 함께 지니고 있다. 결국 위에 열거된 대부분의 석재들은 경도가 약하다는 점에서 그것이 기계적 풍화든 물리적 풍화든, 풍화작용의 정도는 더욱 크다 하겠다. 그리고 이러한 문제를 해결하기 위한 방안으로 회칠을 선택한 것으로 판단된다.

14) 숨어있는 문화재 베일을 벗기다(10) 충북 지역 유일한 모전석탑/제천 장락동 칠층모전석탑(보물 제 459호) 동양일보 (http://www.dynews.co.kr) 2020.5.21

작용을 억제시키기 위해 점판암에 회칠을 했다고 한다. 또한 진흙보다는 회의 접착력이 더 높고 색이 곱기 때문에 점판암과 점판암을 붙이는 데 회를 썼을 가능성이 높다.

주제 3.
천 년 장락동 칠층모전석탑의 비밀 ② - 회칠의 비밀

장락동 칠층모전석탑에서 점판암과 점판암을 붙일 때 사용하여 탑신에 하얗게 남아 있는 것이 회라는 것을 알게 되었다.

◆ 장락동 칠층모전석탑에 쓰인 소석회는 무엇일까?

건축에서 쓰는 회는 대부분 소석회를 말한다. 소석회는 생석회를 물 또는 수증기로 소화해서 제조한다. CaO 60~70% 이상인 것은 화학용, 40~50% 이상은 토건용, 35% 이상은 비료, 농업용 소석회로 나눈다.

학생은 소석회를 조사하며, 비료용 소석회는 농사지을 때 사용한 비료나 농약으로 토양이 산성화되기 때문에 토질을 중화하기 위해 사용한다고 과학시간에 배운 내용을 알려주었다. 미장용 소석회는 기와집 벽에서 봤다고 이야기했다.

$$CaO + H_2O \rightarrow Ca(OH)_2$$

소석회는 염기성의 대표적인 물질로 수산화칼슘이라는 것을 조사를 통해 알게 되었다.

♦ 장락동 칠층모전석탑에 쓰인 소석회의 역할은 무엇일까?

장락동 칠층모전석탑에 쓰인 소석회의 역할을 알아보기 위해 학생은 우리 조상들이 건축에서 많이 사용한 진흙과 소석회 비교 실험을 하고 싶어 했다.

♦ 장락동 칠층모전석탑 탑신에 바른 소석회의 모양은 어떻게 생겼을까?

탑신에 소석회를 바른 이유를 알아보기 위해 소석회와 진흙을 반죽하여 페트리디쉬에 칠한 모양을 살펴보았다. 소석회를 바른 곳에서 실금이 간 것이 보였고, 손으로 만져 보니 까슬까슬했다. 현미경으로 살펴보니 하얀색 산호처럼 보였다. 진흙을 바른 곳에는 실금이 많았고, 몇 곳은 떨어지려고 하고, 떨어져 나간 곳도 있었다. 손으로 만져 보니 매끄럽고, 진흙 가루가 손에 묻어났으며, 현미경으로 살펴보니 이암이랑 비슷한 느낌이 났다.

이 실험을 통해 점판암에 접착된 정도에서 소석회가 진흙보다 좋다는 것을 알 수 있었다.

◆ 소석회와 진흙에서는 씨앗이 발아할 수 있을까?

오래된 건축물에서 식물이 자라는 모습을 보면서 식물이 자란 다면 식물의 뿌리가 건축물을 풍화시킬 수도 있어서 오랜 시간 동안 원형을 유지하기 어려울 것 같기 때문에 학생은 여러 실험 중 소석회와 진흙에서 씨앗이 발아할 수 있는지 확인해 보고 싶 어 했다.

소석회, 진흙, 일반 흙(화분용 흙)에 씨앗을 심고, 물을 주며 발 아 실험을 해 보았다. 학생은 자신이 초등학교 4학년 식물의 한살 이 시간에 배웠던 강낭콩을 이용하여 실험하기를 원했다. 씨앗이 발아하는 시간이 짧고, 실내에서 키우기도 쉽기 때문이라고 선택 이유를 밝혔다.

실험 5일 후 소석회에서는 발아가 되지 않았고, 진흙에서는 3알 이 발아되었으며, 일반 흙(화분 흙)에서도 3알이 발아되었다. 그리 고 소석회에 심은 강낭콩은 군데군데 썩은 곳이 있었다.

	1일차 발아한 씨앗의 수	2일차 발아한 씨앗의 수	3일차 발아한 씨앗의 수	4일차 발아한 씨앗의 수	5일차 발아한 씨앗의 수
소석회 반죽에 심은 씨앗	0	0	0	0	0
진흙 반죽에 심은 씨앗	0	0	0	1	3
일반흙 반죽에 심은 씨앗	0	0	0	0	3

회를 접착제로 사용한 곳에서는 식물의 뿌리에 의한 풍화작용이 나타나지 않을 것이라는 예상이 가능해졌다.

문헌에 따르면 장락동 칠층모전석탑은 백탑이라고 불렸다. 점판암은 흑갈색에 가까운데 왜 백탑이라고 불렀을까? 아마도 탑신에 소석회를 발라서 백탑이라고 불렸을 것이다.

♦ 왜 소석회에서는 씨앗이 발아할 수 없었을까?

씨앗 발아 실험을 통해 소석회에서 발아가 되지 않는 것을 알게 되었다. 왜 소석회에서는 씨앗 발아가 안 되었는지 알고 싶어 했다. 실험 조건들을 돌이켜 보며 왜 소석회에서 발아가 되지 않았는지 알아보았다. 학생은 스스로 질문을 하며 소석회가 염기성 물질이라는 결론까지 도달했다. 염기성인 소석회를 비롯하여 실험했던 진흙, 일반 흙(화분용 흙)의 pH를 알아보기로 했다.

pH 측정을 위해 pH 시험지와 pH 센서를 이용해 보기로 했다. 각각의 물질을 증류수에 넣어 혼합물을 만들고 pH를 측정했다.

pH 시험지를 이용한 실험에서는 일반 흙(화분용 흙)과 진흙은 pH 7, 소석회는 pH 12가 나왔다.

용액명	1g	2g	3g
일반흙	7	7	7
진흙	7	7	7
소석회	12	12	12

[pH 시험지 I 측정 실험 결과표]

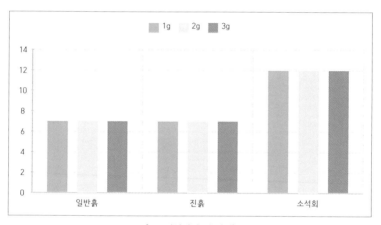

[pH 시험지 측정 결과]

pH 시험지를 이용하는 것보다는 시간이 오래 걸리지만 수치화 되어 나타나기 때문에 추측하지 않아 더 정확한 결과를 얻을 수 있는 pH 센서를 이용한 실험도 하였다. 완충용액을 사용해서 pH 센서를 보정한 후 실험하였다.

일반 흙(화분용 흙) pH는 7.841, 진흙은 pH 7.885, 소석회는 pH 12.344가 나왔다.

용액명		pH			
		1차	2차	3차	평균
일반 흙 용액	1	8.000	8.008	8.016	8.008
	2	7.928	7.868	7.880	7.892
	3	7.844	7.840	7.840	7.841
진흙 용액	1	7.884	7.912	7.948	7.914
	2	7.952	7.928	7.916	7.932
	3	7.896	7.884	7.876	7.885
소석회 용액	1	12.184	12.184	12.184	12.184
	2	12.312	12.284	12.308	12.301
	3	12.360	12.336	12.336	12.344

[pH 센서 측정 실험 결과]

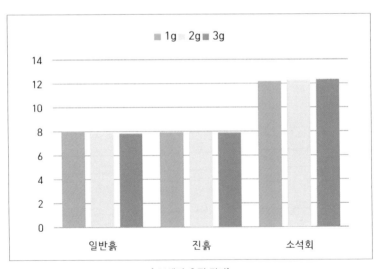

[pH센서 측정 결과]

이 실험을 통해 풀씨나 꽃씨 등의 씨앗이 장락동 칠층모전석탑 위에서 발아하지 못한 이유가 강염기성 물질인 소석회 때문인 것을 알았다.

점판암은 풍화에 매우 약한 암석이고, 비나 눈에 의한 풍화도 매우 잘 일어날 것 같았다. 눈이나 비에 의한 풍화가 잘 일어나지 않게 하려면 점판암에 눈이나 비가 직접 닿지 않게 하면 될 것이라 예상했다.

◆ 점판암에 칠한 소석회와 진흙은 방수 능력이 있을까?

진흙과 소석회 반죽을 넓게 펴서 말린 후 물을 뿌려 보면 진흙과 소석회의 방수 능력을 알아볼 수 있을 것이라 예상하고 실험을 했다. 마른 진흙과 소석회 모형에 물의 양을 1㎖, 2㎖, 3㎖로 늘려 가며 뿌려서 염화코발트 종이를 이용해 수분 여부를 확인했다.

모형		물 1mL	물 2mL	물 3mL
소석회 모형 상부	1	+	++	++++
	2	++	+++	+++
	3	++	+++	++++
소석회 모형 하부	1	+++++	++	++++
	2	+++++	+++	+++++
	3	+++++	+++	+++++
진흙 모형 상부	1	+	++++	+++++
	2	+	++++	+++++
	3	+	++++	+++++
진흙 모형 하부	1	+++++	+++	+++++
	2	+++++	++++	+++++
	3	+++++	++++	+++++

[소석회, 진흙 모형 방수 실험 결과]

염화코발트종이 색의 변화 정도에 따라 변화량이 가장 적은 것은 +, 변화량이 가장 많은 것은 ++++으로 표시했다.

소석회 모형에서는 염화코발트 종이에서 색이 변하는 부분이 일정하였으나, 진흙 모형에서는 물의 양이 증가할수록 염화코발트 종이의 색이 변하는 부분이 늘어났다. 물의 양이 늘어나도 소석회 모형에서는 모양의 변화가 없지만, 진흙 모형에서는 모양이 많이 망가졌다. 소석회 모형이 진흙 모형보다 물이 마르는 속도가 더 빨랐다.

	모형1	모형2	모형3
소석회			
진흙			

[실험 후 소석회 모형과 진흙 모형의 모습]

◆ 점판암을 소석회와 진흙으로 붙일 때 어느 것이 더 잘 붙을까?

모전석탑이 오랜 시간 동안 형태를 유지하기 위해서는 탑을 이루고 있는 벽돌끼리 잘 붙어 있어야 한다고 생각해서, 진흙과 소석회의 접착력을 알아보는 실험을 했다.

진흙과 소석회를 빈죽하어 타일과 점판암을 각각 붙였다. 잘 말린 후 힘센서를 이용하여 둘의 접착력을 확인했다.

소석회를 이용하여 붙인 타일은 111.841N, 진흙을 이용하여 붙인 타일은 31.078N에서 떨어졌다. 소석회를 이용하여 붙인 점판암은 17.65N, 진흙을 이용하여 붙인 점판암은 3.900N에서 떨어졌다. 타일과 점판암에서 힘의 차이가 크게 난 것은 타일은 가공한 것이고 점판암은 가공을 전혀 하지 않은 것이기 때문에 차이가 났을 것이라고 추정했다.

	모형1	모형2	모형3	평균
타일에 바른 소석회	110.295	113.7	111.53	111.841
타일에 바른 진흙	30.930	31.125	31.180	31.078

[타일에 바른 소석회, 진흙의 접착력 / 단위 : N]

	모형1	모형2	모형3	평균
점판암에 바른 소석회	26.785	14.535	11.635	17.650
점판암에 바른 진흙	8.240	1.170	2.285	3.900

[점판암에 바른 소석회, 진흙의 접착력 / 단위 : N]

이 실험을 통해 점판암 벽돌을 접착하기에 좋은 접착제는 소석회라는 것을 알 수 있었다.

자연 환경에 의한 풍화 시간은 매우 길다. 아마도 장락동 칠층모전석탑이 버텨온 시간 천 년은 풍화작용이 일어나기에는 매우 짧은 시간일 수도 있다. 하지만 장락동 칠층모전석탑을 처음 만들 때 이유 없이 소석회칠을 하지는 않았을 것이다.

◆ 소석회를 바른 점판암이 바르지 않은 점판암보다 더 열에 강할까?

우리나라 탑은 실내에 있는 것이 아니라 실외에 있기 때문에 오랜 시간 동안 자연에 노출되어 있다. 사계절의 온도 차이도 있고, 낮과 밤도 바뀌며, 맑은 날이 있으면 비나 눈이 오는 날도 있는 등 다양한 자연 환경에 노출되어 있다.

탑에 소석회를 바른 것과 바르지 않은 것 중 어느 것이 더 열에 강할까 하는 질문에 대한 답을 찾으려고 했다. 잠깐의 실험은 지구과학에서 자연 환경이 변하는 시간에 비하면 아주 짧은 시간이지만 이것이 반복된다면 유의미한 결과를 가져올 것이다.

소석회를 바르고 잘 말린 점판암과 소석회를 바르지 않은 점판암을 직접 가열해 보기로 했다.

약 230℃로 1분간 가열하고 1분간 식히는 것을 반복하는 실험을 한 후 각각의 점판암에 수분을 공급하고 수분을 증발시키는 실험을 했다.

소석회를 바르지 않은 점판암의 경우에는 수분 공급한 부분이 마르면서 금이 간 부분이 보였고, 현미경으로 확대하여 살펴본 결과 결이 많이 생겼다. 소석회를 바른 점판암의 경우 수분을 공급한 부분이 마르면서 흰색 선이 나타났다. 현미경으로 관찰한 결과 결이 있는 부분에 소석회가 채워져 있으며, 상대적으로 소석회를 바르지 않은 점판암에 비해 결이 적었다.

	가열 후 냉각 시 수분 공급 후 수분 증발에 걸리는 시간			
	1차	2차	3차	평균
소석회를 바른 점판암	15	14	16	15
소석회를 바르지 않은 점판암	10	8	12	10

[소석회를 바른 점판암과 바르지 않은 점판암 가열 후 냉각 시
수분 증발에 걸리는 시간 / 단위 : 초]

	가열하며 수분 공급 후 수분 증발에 걸리는 시간			
	1차	2차	3차	평균
소석회를 바른 점판암	3	5	2	3
소석회를 바르지 않은 점판암	1	1	1	1

[소석회를 바른 점판암과 바르지 않은 점판암 가열하며 수분 공급 실험 결과 / 단위 : 초]

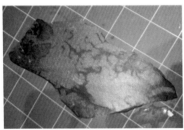 

[가열 실험 후 소석회를 바르지 않은 점판암 [가열 실험 후 소석회를 바른 점판암 모습(수분
모습(수분 공급 후)]   공급 후)]

　　소석회를 바른 점판암이 바르지 않은 점판암에 비해 수분 증발
시간이 더 긴 이유는 점판암 표면의 소석회가 공급되는 열을 어

느 정도 차단하였기 때문일 것이다.

이 실험을 통해 소석회를 바른 점판암과 바르지 않은 점판암 중 어느 것이 더 열에 더 강할까 하는 질문에 답을 얻었다.

◆ 소석회를 바른 점판암이 바르지 않은 점판암보다 가열한 후 강도가 더 높을까?

소석회를 바른 점판암과 바르지 않은 점판암을 가열하면 점판암의 강도는 어떨까? 실험에서처럼 약 230℃의 온도를 자연에서 기대하기는 어렵지만 오랜 시간 동안 가열과 냉각이 반복되는 자연의 환경을 생각하면 극단적인 실험도 의미가 있을 것이다. 소석회를 바른 후 3일 정도 잘 말린 점판암과 바르지 않은 점판암에 가열과 냉각을 3회 반복하였다. 그리고 힘 센서를 이용하여 강도를 측정했다.

	1차	2차	3차	평균
소석회를 바른 후 가열한 점판암	112,810	114,030	100,780	109,206
가열한 점판암	21,325	53,950	53,950	43,075
가열하지 않은 점판암	114,030	114,030	114,030	114,030

[소석회를 바르고 가열한 점판암, 가열한 점판암, 점판암의 강도 실험 결과 / 단위 : N]

가열하지 않은 점판암은 114,030N, 소석회를 바른 후 가열한 점판암은 109.206N, 소석회를 바르지 않고 가열한 점판암은 43.075N의 강도였다. 점판암에 열을 가하면 강도가 약해지는데, 소석회를 바르면 강도가 낮아지는 폭이 매우 적었다. 탑에 소석회를 바르면 온도 변화에 대한 민감성을 낮춰줄 수 있다는 것을 알게 되었다.

◆ 소석회를 바른 점판암이 바르지 않은 점판암에 비해 냉각에 더 강할까?

소석회를 바른 점판암과 바르지 않은 점판암을 물에 약 20일간 담갔다가 영하 20℃의 온도로 냉각시키면 어떤 변화가 생길까? 앞선 강도 실험과 비슷한 유의미한 결과가 나올지 궁금했다.

소석회를 바른 점판암과 바르지 않은 점판암을 물에 약 20일간 담갔다가 영하 20℃의 온도로 12시간 냉각시키고, 실온에 다시 12시간을 두는 과정을 두 번에 걸쳐 진행했다.

소석회를 바른 점판암은 소석회가 점판암을 감싸고 있어 정확한 현상을 관찰하기 어려웠다. 소석회를 벗겨 관찰한 결과 작은 조각들이 관찰되었으나 냉각 과정을 거치며 풍화된 조각인지, 소석회 바른 것을 벗기는 과정에서 떨어진 것인지 명확하게 구분하기 어려웠다. 소석회를 바르지 않은 점판암에서는 작은 부스러기가 생겼다. 또한 12시간 냉각 후 실온에 12시간 두었을 때 점판암에서 물이 나와 점판암이 물을 흡수하고 흡수된 물이 냉각 과정에서 얼음이 되면서 부피가 커져 풍화작용을 일으켰다는 추측을 할 수 있었다.

소석회를 바른 것이 점판암의 물리적 풍화를 방해하는 요인으로 작용했을 것이다.

♦ 장락동 칠층모전석탑과 주변 암석의 겉모습은 왜 다를까?

장락동 칠층모적석탑과 주변의 경계석은 큰 차이를 보였다. 장락동 칠층모전석탑에는 이끼류나 식물의 흔적을 살펴보기 어려웠다. 칠층모전석탑에서 자라는 생물이 없었다. 하지만 탑신 주변의 경계를 구분짓기 위해 놓인 화강암에서는 눈에 띄게 자란 지의류를 볼 수 있었다. 또 같은 지역에 있는 다른 탑에서도 지의류가 자란 것을 볼 수 있었다.

[탑 일부]　　　　　[탑 주변 화강암]　　　　　[빈신사지 4사자석탑]

왜 장락동 칠층모전석탑에서는 생물을 관찰할 수 없을까? 생물을 관찰할 수 없다는 것은 생물이 살기 어려운 환경이라는 말인데, 장락동 칠층모전석탑이 생물이 살기 어려운 환경인가 하는 질문이 계속 떠올라 답을 찾기 위해 그동안의 탐구 과정을 생각했다. 탑 주변 화강암에 자란 이끼와 같은 종류의 이끼를 찾아 한쪽을 물에 닿게 하고 24시간마다 현미경으로 관찰해 보니 초록색 이끼에 잔털 같은 뿌리가 물을 향해 뻗어 가고 있었다. 이끼의 한쪽에 소석회 용액을 닿게 한 후 24시간마다 관찰해 보니 5일이 지난 후에는 이끼의 초록색이 보이기는 했으나 갈색으로 변했으며, 썩는 냄새도 났다.

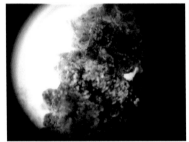 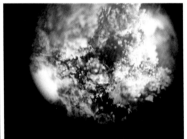

[소석회 용액+이끼 5일차(100배)]   [물+이끼 5일차(100배)]

이끼의 생장 가능 pH는 5.6이지만 pH 2~9에서도 생존은 가능하다. 하지만 소석회의 pH는 12였기 때문에 6일 이후에는 이끼가 모두 썩었다.

장락동 칠층모전석탑과 주변 암석의 겉모습이 다른 이유는 소석회의 pH가 높아 생물학적 풍화를 일으키는 이끼나 지의류의 생장이 어렵기 때문이라는 답을 얻었다.

♦ 장락동 칠층모전석탑 천 년의 비밀은?

여러 탐구를 통해 장락동 칠층모전석탑 표면에 칠한 소석회의 pH가 12인 강염기였기 때문에 식물이 자라지 못했고, 탑 주변의 다른 돌에는 이끼가 자랐지만 장락동 칠층모전석탑에는 이끼류가 자랄 수 없었다. 소석회가 수분을 일정하게 흡수하며 흡수한 수분을 빠른 시간에 증발시켰으며, 점판암에 열이 가해졌을 때 견딜 수 있게 하였다. 풍화에 약한 점판암의 단점을 소석회를 칠함으로써 극복할 수 있었다. 장락동 칠층모전석탑에 소석회를 칠했기 때문에 천 년에 가까운 시간 동안 원형을 유지했을 것이다.

물질의 성질, 풍화·침식과 관련된 교육과정 및 성취기준[15]

　우리 주변에서 볼 수 있는 다양한 물질들은 고유의 성질을 가지고 있다. 이런 물질들은 화학적 변화를 통해 변화하거나 다른 물질에 영향을 미친다. 자연 환경을 변화시키는 요소 중 대표적으로 우리 주변에서 쉽게 볼 수 있는 것은 풍화와 침식이다. 무언가를 변화시키는 화학적 변화와 물리적 변화가 만난다면 어떤 일이 생길까?

　물질의 성질, 풍화와 침식의 탐구에 재미있는 활동이 많이 있다. 물질의 성질에 대해 알아보는 탐구 활동에는 여러 가지 용액을 관찰하여 분류하기, 산성 용액과 염기성 용액을 섞었을 때의 변화 관찰하기, 산과 염기의 중화 반응을 실험하고 일상생활에서 중화 반응의 사례 탐구하기, 산성화된 토양, 호수 등을 효과적으로 중화시키기 위해 석회 가루를 정밀하게 살포할 수 있는 방법을 고안하고 지속가능 발전의 측면에서 토양과 호수 산성화를 방지하기 위한 대책 토의하기 등이 있다.

---

15)　교육부, 2015개정 과학과 교육과정(제2015-74호)

풍화와 침식에 대해 알아보는 탐구 활동에는 장소에 따른 흙의 특징 조사하기, 흙 언덕을 만들고 물을 흘려보낸 후 깎이는 곳과 쌓이는 곳 관찰하기, 지층이 쌓이는 순서 실험하기, 퇴적암 관찰하기, 광물 특성 관찰과 암석 분류하기, 구가지질공원의 암석 조사하기, 우리 지역의 퇴적 구조와 환경 조사하기, 우리 지역의 지질 구조 조사하기, 편광 현미경으로 광물 관찰하기, 광물과 암석의 활용 사례 조사하기, 한반도를 포함한 동북아시아의 지체 구조 형성 과정 조사하기 등의 탐구 활동이 가능하다.

	핵심 개념	일반화된 지식	내용 요소	성취기준
초 5 ~ 6	물리적 성질과 화학적 성질	물질은 고유한 성질을 가지고 있다.	•산성 용액 •염기성 용액	[6과08-03] 산성 용액과 염기성 용액의 여러 가지 성질을 비교하고, 산성 용액과 염기성 용액을 섞었을 때의 변화를 관찰할 수 있다. [6과08-04] 우리 생활에서 산성 용액과 염기성 용액을 이용하는 예를 찾아 발표할 수 있다.
통합과학	화학 변화	중화 반응은 산성 물질과 염기성 물질이 반응할 때 일어나며, 생명현상을 가능케 하는 물질들이 끊임없는 화학 반응을 통해 다양한 기능들을 수행한다.	•산과 염기성 •중화 반응	[10통과06-03] 생활 주변의 물질들을 산과 염기로 구분할 수 있다. [10통과06-04] 산과 염기를 섞었을 때 일어나는 변화를 해석하고, 일상생활에서 중화 반응을 이용하는 사례를 조사하여 토의할 수 있다.
중 1 ~ 3	지구 구성 물질	지각은 다양한 광물과 암석으로 구성되어 있고, 이 중 일부는 자원으로 활용된다.	•광물 •암석 •암석의 순환 •풍화작용 •토양	[9과01-02] 지각을 이루는 암석을 생성 과정에 따라 분류할 수 있으며, 암석의 순환 과정을 설명할 수 있다. [9과01-03] 조암 광물의 주요 특성을 관찰하고, 암석이 다양한 광물로 구성되어 있음을 설명할 수 있다. [9과01-04] 풍화 과정을 이해하고, 토양 생성 과정을 풍화 작용의 예로 설명할 수 있다.
화학 I	화학 반응	물질은 가역 반응에서 동적 평형 상태를 이룬다.	•pH	[10통과06-03] 생활 주변의 물질들을 산과 염기로 구분할 수 있다. [10통과06-04] 산과 염기를 섞었을 때 일어나는 변화를 해석하고, 일상생활에서 중화 반응을 이용하는 사례를 조사하여 토의할 수 있다.

	핵심 개념	일반화된 지식	내용 요소	성취기준
초3 ~ 4	지구 구성 물질	지각은 다양한 광물과 암석으로 구성되어 있고, 이 중 일부는 자원으로 활용된다.	• 흙의 생성과 보존 • 풍화와 침식 • 화강암과 현무암 • 퇴적암	[4과04-02] 흙의 생성 과정을 모형을 통해 설명할 수 있다. [4과04-03] 강과 바닷가 주변 지형의 특징을 흐르는 물과 바닷물의 작용과 관련지을 수 있다.
초3 ~ 4	지구의 역사	지구의 역사는 지층의 기록을 통해 연구한다.	• 지층의 형성과 특성	[4과06-01] 여러 가지 지층을 관찰하고 지층의 형성 과정을 모형을 통해 설명할 수 있다. [4과06-02] 퇴적암을 알갱이의 크기에 따라 구분하고 퇴적암이 만들어지는 과정을 모형을 통해 설명할 수 있다.
중1 ~ 3	지구 구성 물질	지각은 다양한 광물과 암석으로 구성되어 있고, 이 중 일부는 자원으로 활용된다.	• 광물 • 암석 • 암석의 순환 • 풍화작용 • 토양	[9과01-02] 지각을 이루는 암석을 생성 과정에 따라 분류할 수 있으며, 암석의 순환 과정을 설명할 수 있다. [9과01-03] 조암 광물의 주요 특성을 관찰하고, 암석이 다양한 광물로 구성되어 있음을 설명할 수 있다. [9과01-04] 풍화 과정을 이해하고, 토양 생성 과정을 풍화 작용의 예로 설명할 수 있다.
지구과학 I	지구의 역사	지구의 역사는 지층의 기록을 통해 연구한다.	• 지질 구조 • 지사 해석 방법	[12지과 I 02-01] 지층에서 나타나는 다양한 퇴적 구조와 퇴적 환경의 관계를 설명할 수 있다. [12지과 I 02-02] 다양한 지질 구조의 생성 과정과 특징을 설명할 수 있다.

	핵심 개념	일반화된 지식	내용 요소	성취기준
지 구 과 학 Ⅱ	지구 구 성 물질	지각은 다양 한 광물과 암석으로 구 성되어 있고, 이 중 일부 는 자원으로 활용된다.	•규산염 광물 •광물의 식별 •암석의 조직 •광상 •자원탐사 •지구의 지원 •변성암	[12지과Ⅱ02-03] 화성, 변성, 퇴적 작용을 통해 광상이 형성되는 과정 을 예를 들어 설명할 수 있다. [12지과Ⅱ02-04] 광물과 암석이 우리 생활의 여러 분야에 다양하게 이용되 는 예를 조사하여 발표할 수 있다.
	판구조 론	지구의 표면 은 여러 개의 판으로 구성 되어 있고 판 의 경계에서 화산과 지진 등 다양한 지각 변동이 발생한다.	•지질도의 기 본 요소 •한반도의 지사 •한반도의 판 구조 환경	[12지과Ⅱ03-01] 지질도에 사용되 는 기본 기호를 통해 암석의 종류와 지질 구조를 파악할 수 있다. [12지과Ⅱ03-02] 한반도의 지질 자 료를 통해 한반도의 지사를 설명할 수 있다. [12지과Ⅱ03-04] 한반도의 기반을 이루는 선캄브리아 변성암 복합체 를 통해 광역 변성 작용을, 중생대 화성 활동과 주변 퇴적암의 관계를 통해 접촉 변성 작용을 설명할 수 있다.

「장락동 칠층모전석탑 탐구 프로젝트」 질문 유형

질문 유형		질문의 유형별 특징
기초 정보 질문	사실적 질문	□ 장락동 칠층모전석탑은 어떤 탑일까? □ 장락동 칠층모전석탑 탑신에 바른 소석회의 모양은 어떻게 생겼을까?
	절차적 질문	□ 장락동 칠층모전석탑에 쓰인 돌은 어디서 왔을까? □ 장락동 칠층모전석탑의 돌을 어떻게 붙였을까? □ 소석회의 진흙에서는 씨앗이 발아할 수 있을까? □ 점판암에 칠한 소석회와 진흙은 방수 능력이 있을까? □ 점판암을 소석회와 진흙으로 붙일 때 어느 것이 더 잘 붙을까?
경이의 질문	이해 질문	□ 모전탑이 뭐예요? □ 장락동 칠층모전석탑의 흰색은 무엇일까? □ 장락동 칠층모전석탑에 쓰인 소석회는 무엇일까?
	예측 질문	□ 장락동 칠층모전석탑에 쓰인 소석회의 역할은 무엇일까? □ 왜 소석회에서는 씨앗이 발아할 수 없었을까? □ 소석회를 바른 점판암이 바르지 않은 점판암보다 더 열에 강할까? □ 소석회를 바른 점판암이 바르지 않은 점판암보다 가열한 후 강도가 더 높을까? □ 소석회를 바른 점판암이 바르지 않은 점판암에 비해 냉각에 더 강할까? □ 장락동 칠층모전석탑과 주변 암석의 겉모습은 왜 다를까?
	계획 방 략 질문	□ 풍화작용에 약한 점판암으로 만든 장락동 칠층모전석탑은 어떻게 천년의 시간을 견뎠을까?

III

에필로그

질문을 해야 답이 보인다

질문과 답변은 매우 중요하다. 질문법은 고대로부터 수업의 한 기법으로 많이 사용되어 왔다. 교사의 질문과 학생의 답변, 학생의 질문과 교사의 답변이라는 쌍로 맞춰진 수업의 방식은 인간의 생각과 인지적 수준을 즉시에 평가하는 거의 유일한 방법이기 때문이기도 하다.

그러나 질문은 그 대상에 대해 잘 알고 할 수도 있지만, 몰라도 할 수 있다. 질문의 질적인 것을 평가하지 않고 행위 자체를 보면, 질문은 용기가 없으면 할 수 없다. 입속에서만 빙빙 도는 소리는 아무도 들을 수 없다.

왜 질문을 두려워하는 것일까? 바로 틀리는 것을 두려워하기 때문이다.

다른 사람들 앞에서 틀린 것을 발표하고 싶은 사람은 아무도 없을 것이다. 다른 사람들이 질문에 대해 포용하는 태도를 보이고 다양한 생각을 인정해주는 경우, 발표할 수 있는 용기를 가질 수 있게 된다. 다시 말하면 학생들이 질문을 두려워하는 이유는 그 질문에 대한 선생님과 다른 학생들의 태도 때문이라는 것이다.

대부분의 선생님들은 학생들이 질문을 하는 것을 좋아한다. 그러나 선생님들에게 물어보면, "학생들이 질문을 하지 않는다", "물어보면 질문을 하지 않는다"라고 말한다. 교실에서 나오는 질문은 그다지 쓸모가 없는 질문이 대부분이다. 필자의 과거 기억을 떠올려 보면, 필자 역시 질문을 많이 하지 않았다. 지금도 연수나 워크숍에서 질문을 많이 하지 않는다. 그러나 학생들의 질문을 받아 주는 것은 좋아한다.

처음에는 수업 시간에 학생들이 하는 특정한 질문을 좋아했었다. 지금의 수업과 직접적으로 관련이 있는 것을 좋아하고, 그렇지 않은 것은 크게 좋아하지 않았던 것으로 기억한다. 분명 그 질문을 한 학생도 그렇게 느꼈을 것이다.

그럼 분명 무엇인가 잘못되었던 것이다. 또 교사인 내가 던지는 질문에 대한 대답으로 모든 것을 확인할 수 없다는 것도 교사 생활한 지 얼마 되지 않아 알게 되었다. 질문은 이렇게 중요하지만, 동시에 매우 어렵다는 것도 알게 되었다.

교사의 질문은 학생의 질문을 이끌어내는 훌륭한 도구이기도 하다. 그동안 실패한 질문들을 살펴보면 아래와 같았다.

① 어색한 질문
② 복잡한 질문
③ 특정한 대답이 정해진 질문
④ 개인차나 능력치가 정해진 질문

⑤ 급하게 하는 질문

　단순한 기억의 회상만을 필요로 하는 질문들이 얻을 수 있는 효과는 정해져 있다. 학생들이 하는 변칙 질문은 선생님들에게 비난받기 쉽다. 오히려 그러한 질문으로 인해서 위축되거나 수업 시간을 방해하는 아이로 낙인찍히기도 한다. 그리고 그 질문을 한 학생이 뚜렷한 근거를 가지고 있거나 확신을 가진 질문이라면 교사와의 관계는 쉽게 회복되기 어렵다.

　과학 교과는 주변의 현상을 상대로 하기 때문에, 변칙 질문과 확장 질문을 받기 십상이다. 그러나 이러한 질문을 하는 학생들은 탁월한 관찰력을 가진 학생들이거나 사고가 확장되어 있는 학생들인 경우가 많다. 그리고 자기주도성이 강한 학생들이다.

　과학탐구 프로젝트를 하면서 학생들을 팀으로 구성할 때, 기억이나 절차만 잘 기억하는 학생들로만 구성하지 않았다. 변칙 질문과 확장 질문 등을 잘하는 친구들도 같은 팀으로 포함시킨다. 이러한 학생들의 질문이 프로젝트의 방향을 바꾸게 되는 경우도 많이 보아 왔다.

　앞에서도 이야기했지만 미래에는 자기주도성이 매우 중요해질 것이다. 그동안 관료적 통제를 위해 사용되었던 통제수단은 더 이상은 활용되기 어렵다. 이는 코로나19 사태로 인해 충분히 증명되었다.

　결국 인위적인 통제보다는 학생의 흥미에 의한 선택과, 학생의 열정에 의한 순서와, 위계를 뛰어넘는 유튜브 알고리즘과 같은 학습으로 이끌어 가도록 도와줘야 한다. 그리고 그 배움 간의 간극과 순서의 뒤바뀜으로 오는 혼란을 정리해주는 것이야말로 우리 교사들의 몫일 것이다.